Joseph Kentenich

Vom Geist bewegt

Ausgewählte Texte
zum Heilig-Geist-Jahr 1998

Ursula Bannenberg

Patris Verlag • Vallendar-Schönstatt

Die Deutsche Bibliothek - CIP-Einheitsaufnahme

Kentenich, Joseph:
Vom Geist bewegt : ausgewählte Texte zum Heilig-Geist-Jahr 1998 / Joseph Kentenich. - Vallendar-Schönstatt : Patris-Verl., 1997
ISBN 3-87620-201-9

*Im Auftrag des Generalpräsidiums
des Internationalen Schönstattwerkes*

*herausgegeben und bearbeitet von
Günther M. Boll, M. Gertraud Evanzin, Peter Wolf*

Alle Rechte vorbehalten. Printed in Germany
© 1997 by Patris Verlag GmbH, Vallendar-Schönstatt
2. Auflage
Umschlaggestaltung: Michael Fuchs, CH-Spreitenbach
Satz: Patris Verlag GmbH, Vallendar-Schönstatt
Herstellung: Druck und Verlag Fuck, Koblenz
ISBN: 3-87620-201-9

Inhalt

Vorwort 5

I. Lebensmitteilung im Heiligen Geist 13
1. Christentum als Lebensmitteilung 16
2. Heiliger Geist, der Leben schafft 21
3. Seele der Kirche 25
4. Durch Christus im Heiligen Geist zum Vater 30

II. Maria und der Heilige Geist 31
1. Der Heilige Geist im Leben der Gottesmutter 34
2. Gefäß und Werkzeug des Heiligen Geistes 36
3. Wo der Heilige Geist Maria findet ... 38
4. In der Erwartung des Heiligen Geistes 40
5. Abbild des Heiligen Geistes 44
6. Symbol des Heiligen Geistes 47

III. Vergegenwärtigung des Herrn 49
1. Der Heilige Geist entschleiert die Herrlichkeit des Herrn 52
2. Christusinnigkeit und Vaterergriffenheit 57
3. Der beste Erzieher 61

IV. Grundlegung des Christseins 65
1. Die Gnade der Kindschaft 68
2. "Abba" 72
3. Die Heiligung des Christen 74
4. Der Leib – Tempel des Heiligen Geistes 77

V. Führer zur Heiligkeit 81
1. Wirkweise der Gaben
a - Das vielfältige Wirken des Heiligen Geistes 84
b - Vom Weg der Tugenden zum Weg der Gaben 86
c - Heilung und Veredelung der Natur 93

d -	Reinigung des unterbewußten Seelenlebens	96
e -	Der Heilige Geist und die Seelentiefen	98

2. Seelische Wandlung
a -	Pfingsten – Hochfest der seelischen Wandlung	105
b -	Die tiefere Wandlung	110
c -	Geschmack an Kreuz und Leid	112
d -	Ganzhingabe	114

3.	Die Gabe der Weisheit – Inbegriff aller Gaben	117
4.	Die Gnade der Beschauung	125
5.	Heroische Kindlichkeit – die Spitzenleistung des Heiligen Geistes	133

VI. Heroismus des Glaubens 135
1.	Übernatürlicher Wirklichkeitssinn	138
2.	Sympathie für Gott	142
3.	Einsprechungen des Heiligen Geistes	144
4.	Glaubensinstinkt	146
5.	Wagnis des Glaubens	151
6.	Hingabe an die göttliche Führung	153

VII. Schönstatt als charismatischer Aufbruch 155
1.	Schönstatt als Wirkung der Gaben des Heiligen Geistes	158
2.	Charismatische Sendung	161
3.	Das Charisma unserer Wallfahrtsgnaden	164
4.	Die Gottesmutter – das Charisma für die heutige Zeit	167

Namenverzeichnis	170
Sachverzeichnis	171
Bildnachweis	182
Quellennachweis	183

Vorwort

Es ist eine Freude, zu beobachten, wie nach und nach das Bewußtsein wächst, auf einem gemeinsamen Weg dem 2000 jährigen Jubiläum der Geburt Christi entgegenzugehen. Die Einladung des Heiligen Vaters zur Feier eines Christusjahres hat in der Schönstattfamilie weltweites Echo gefunden und vielfache Initiativen freigesetzt. Viele haben in den edierten Christustexten unseres Vaters und Gründers Pater Joseph Kentenich Anregungen und neue Glaubensfreude gefunden. Eine Sehnsucht nach Christusergriffenheit ist mancherorts wachgeworden und erweist die Fruchtbarkeit des marianischen Ansatzes unseres Gründers.

Für den gemeinsamen Weg zum Gnadenjahr 2000 hat der Heilige Vater für 1998 ein Heilig-Geist-Jahr vorgeschlagen. Diese Einladung meint nicht eine Ablösung unseres Bemühens um ein vertieftes Verhältnis zu Jesus Christus, sondern zielt gerade auf die Präsenz des Herrn im Heiligen Geist (vgl. Joh 16,4-15), wie es die junge Kirche erfahren und in der Pfingsterzählung uns überliefert hat. Die Erfahrung der Geistsendung (Apg 2) und der Geistesgaben (1 Kor 12-14) hat der jungen Kirche entscheidend geholfen, ihren Herrn und Meister gegenwärtig und wirkmächtig zu erfahren.

Die vorliegende Textsammlung zum Heilig-Geist-Jahr möchte ganz im Sinne unseres Vaters und seines organischen Denkens helfen, daß wir wachsen und reifen bis hin zur Christusergriffenheit und Vaterinnigkeit. Es geht nicht um ein Springen von einem Thema zum andern, nicht um bloße Abwechslung im geistlichen Leben. Seine Perspektiven möchten uns bereichern und wachsen lassen in unserem persönlichen und gemeinsamen geistlichen Leben. Am Anfang steht für Pater Kentenich die Sicht, daß es im

Christentum primär um Lebensmitteilung und erst in zweiter Linie um Wahrheitsmitteilung geht. Dabei kommt dem Heiligen Geist eine elementare Rolle zu als dem Geist, der Leben schafft, der das Leben zwischen Vater und Sohn mitteilt und so Schöpfung und Neuschöpfung wirkt.

Der Heilige Geist ist für Pater Kentenich die Seele der Kirche. Diese begreift und kündet er nicht zuerst als Organisation, sondern als einen Organismus, der ganz von innen belebt und geleitet ist. Mit Augustinus vertritt er diese Idee: Was die Seele für den Körper, ist der Heilige Geist für die Kirche. Daraus ergibt sich für ihn eine Sicht des Heiligen Geistes als schöpferisches, beseelendes und ordnendes Prinzip im Leben der Kirche. Der Heilige Geist schafft die Kirche als "Corpus Christi mysticum" (Leib Christi) und ist das Band, das uns ganz mit Christus und untereinander verbindet. Für alle Lebensvollzüge der Kirche gilt: "Per Christum in Spiritu Sancto ad Patrem" – "Durch Christus im Heiligen Geist zum Vater". Darin ist das "Bau- und Richtungsgesetz" aller christlichen Frömmigkeit und Liturgie gegeben. In diesem großen Organismus der übernatürlichen Welt geschieht also alles "im Heiligen Geist", der alles belebt und bewegt.

Dieser Heilige Geist steht in engster Verbindung mit Maria, auf die er in der Stunde der Verkündigung herabgekommen ist und die er als die Kraft aus der Höhe überschattet hat (vgl. Lk 1,35) und so zu seiner jungfräulichen Braut erwählt hat. In vielen Vorträgen hat unser Gründer die Beziehung zwischen dem Heiligen Geist und der Gottesmutter in den biblischen Zeugnissen ausgelegt und als Erfahrungswissen der Kirche gekündet. Wie schon Vinzenz Pallotti lädt er immer wieder ein, sich im Coenaculum (Obergemach/Abendmahlssaal, vgl. Apg 1,13) um die Gottesmutter zu versammeln und den Heiligen Geist zu erbitten. Daraus wächst früh die Coenaculumsgeneration der Priester, die verbunden mit den Pallottinern 1946 im Heiligtum das Heilig-Geist-Symbol anbringen. Gerne greift er die gläubige Sicht von Grignion von Montfort auf, daß der Heilige Geist dort am liebsten wirkt, wo er die Gottesmutter findet. So möchte der Geist auch in uns Maria finden und uns ganz Christus ähnlich machen.

Wo immer es geht um die Vergegenwärtigung des Herrn nach Jesu Tod und Auferstehung, knüpft unser Gründer an eine grundlegend neutestamentliche Erfahrung des Heiligen Geistes an. Der Geist ist es, der den Jüngern in der nachösterlichen Zeit die Herrlichkeit des Herrn entschleiert und ihnen nachträglich ihre Begegnungen mit Jesus als Begegnungen mit Gott erschließt. Diese Erfahrung der Apostel aktualisiert Pater Kentenich in der Darstellung des Heiligen Geistes als den, der auch uns Heutigen hilft, auf dem Weg des Vorsehungsglaubens Gott im Alltag zu finden und so die verborgenen Gottesbegegnungen in unserem Leben nachkosten zu lernen.

Ganz aus paulinischem und johanneischem Denken gespeist ist die Überzeugung Pater Kentenichs, daß es der Heilige Geist ist, der uns Christusinnigkeit und Vaterergriffenheit schenkt und vermittelt. Zu einem solchen Leben sieht unser Gründer in ihm den größten und besten Erzieher, der uns seit unserer Taufe geschenkt ist und uns in alle Wahrheit um Christus und seinen Vater einführt (vgl. Joh 16,4-15). Er hat bereits die Apostel geformt und befähigt, indem er ihnen gegenüber Zeugnis abgelegt hat von der Person Jesu Christi und ihnen Kraft zum Zeugnis für Christus gegeben hat.

Wie schon in den Texten unseres Gründers zum Christusjahr, begegnen wir auf den nachfolgenden Seiten dem Gliedschaftsgedanken aus der paulinischen und johanneischen Christusmystik, wobei jetzt die Rolle des Heiligen

Geistes besonders im Vordergrund steht. Es ist der Heilige Geist, der uns mit Christus verknüpft und uns zu Kindern Gottes macht, indem er in uns zum Vater betet und 'Abba' sprechen lehrt (vgl. Röm 8,15). Er wohnt in uns (vgl. Röm 8,9) und heiligt unseren Leib, so daß wir Tempel Gottes sind (vgl. 1 Kor 6,19). Die Texte der Predigten und Vorträge atmen durchweg ein zutiefst biblisches Denken und bezeugen eine konsequente und pädagogische Umsetzung in eine gelebte Spiritualität, die aus der Wirklichkeit der Taufe und der Erlösung lebt.

Wie später das Konzil zielt Pater Joseph Kentenich bereits seit Beginn der Gründungszeit auf das Ideal der Heiligkeit für jeden Christen. Wie die Gründungsurkunde belegt, versteht sich Schönstatt zutiefst als eine "Heiligkeitsbewegung". Immer wieder kündet der Gründer den Heiligen Geist als den Führer zur Heiligkeit und betont die unersetzliche Rolle des Heiligen Geistes und seiner Gaben auf dem Weg zu einem heiligen Leben. Er geht aus von den Tugenden als den grundlegenden Befähigungen zu einem christlichen Leben und sieht in den sieben Gaben des Heiligen Geistes mächtige Antriebskräfte zu einem Christsein auf dem Weg zum Vollalter Christi (vgl. Eph 4,13). Dabei übersetzt der Gründer die gewachsene Lehre von den Tugenden und den Gaben des Heiligen Geistes in die Lebenssituation seiner Hörer und Hörerinnen. Neue Akzente werden sichtbar, wo er sich absetzt von einer Pädagogik, die das Natürliche abwertet oder gar unterdrückt, und statt dessen stärker auf die Veredelung und Heilung der menschlichen Natur abzielt. Mutig und nach vorn weisend erscheint mir auch der Versuch, die traditionelle Lehre von den Gaben des Heiligen Geistes mit dem Ziel der Reinigung des unterbewußten Seelenlebens in Verbindung zu bringen und so gerade für heute zu aktualisieren.

Neben Ausführungen zu den einzelnen Gaben des Heiligen Geistes kann man beobachten, wie unser Gründer im konkreten pädagogischen Weg die in der Tradition recht weit getriebene Differenzierung der Gabenlehre gerne in der Gabe der Weisheit konzentriert und zusammenführt. Die Wirkung des Heiligen Geistes beschreibt er immer wieder im Sinne der seelischen Wandlung, die er in vielfachen Erfahrungen erschließt und neu sehen und erbitten lehrt. Alles ist ganz nah am konkreten Leben und im Streben von Menschen in unserer Zeit festgemacht. Wie die Charismatische Bewegung als ein lebendiger Aufbruch im Leben der Kirche setzt Pater Kentenich auf die Realität des Heiligen Geistes. Im Unterschied zu vielen charismatischen Kreisen aber verknüpft er nicht das Außergewöhnliche und Spektakuläre mit dem Heiligen Geist. Selbst wo es um die Gnade der Beschauung geht, ist ihm die Disposition, der geduldige Weg der Vorbereitung auf die Beschauung, wichtiger als die Schilderung der eingegossenen Beschauung in ihren mystischen Dimensionen, die er durchaus kennt, wie eine ausführliche Studie aus der Zeit von Dachau zeigt. Die Spitzenleistung des Heiligen Geistes sieht er nicht in ekstatischen und prophetischen Phänomenen, sondern in der heroischen Kindlichkeit gegenüber Gott. Unter heroischer Kindlichkeit versteht er ein vollendetes Kreisen um Wunsch und Willen des Vaters in Jesus.

Originelle und über die bekannte geistliche Tradition hinausweisende Gedanken und Ansätze finden sich bei Pater Kentenich im Kontext von Glaube und Heiligem Geist. In einer Zeit, wo das Dunkel und der Wagnischarakter des Glaubens immer mächtiger erfahren werden, zielt er auf einen Heroismus des Glaubens, der nach seinem Verständnis zutiefst Wirkung und Geschenk des Gottesgeistes ist. In der Gabe der Weisheit, des Verstandes und der Wissenschaft sieht er ein Angebot, das den Christen – über die in der Taufe geschenkte Fähigkeit zu glauben hinaus – zu einer Vervollkommnung des Glaubens führt.

Auf einem langen Weg in bewußt gelebtem Vorsehungsglauben findet Pater Kentenich in Erfahrung und Reflexion zu einer Sicht des Heiligen Geistes, der in uns so etwas wirkt wie "Glaubensinstinkt" und einen neuen "übernatürlichen Wirklichkeitsinn". Er spricht in diesem Kontext von einer "Griffsicherheit" im praktischen Vorsehungsglauben und einer "Sympathie für Gott" mitten in den Führungen und Fügungen des Lebens. Hier ist unser Gründer auf der Suche nach einer Laienspiritualität, die taugt mitten in der Welt von heute und morgen.

Der zutiefst geistliche Aufbruch seiner Gründung und die beständige Reflexion der Schönstattgeschichte führen ihn zu der gläubigen und dankbaren Sicht von der charismatischen Sendung Schönstatts. Er deutet die schönstättischen Wallfahrtsgnaden (die Gnade der Beheimatung, der inneren Wandlung und der apostolischen Fruchtbarkeit) im Sinne von Charismen und kündet die Gottesmutter als Charisma für das heutige Christentum.

Gerne übergeben wir der Schönstattfamilie und allen interessierten Kreisen in der Kirche diese Textsammlung zum Heilig-Geist-Jahr 1998. Sie vereint Zeugnisse des Denkens und Kündens Pater Joseph Kentenichs von den ersten Anfängen der Gründungszeit bis zu seinem Tod. Die ausgewählten Texte leben davon, daß sie nicht abgehobene Schreibtischstudien darstellen, sondern meist gesprochenes und auf unterschiedliche Gruppen ausgerichtetes Wort sind, wie Sie sich in den Quellenangaben vergewissern können. Aber gerade so bezeugen sie die Leben weckende Kraft der Heilig-Geist-Verkündigung unseres Gründers. Es ist keine in sich geschlossene Lehre vom Heiligen Geist (Pneumatologie), sondern eine durchaus reflektierte und bewußte Anleitung zu einem Leben, das vom Heiligen Geist bewegt ist. Pater Kentenich wendet sich darin an seine geistliche Familie und weit darüber hinaus an alle, die mit dem Zweiten Vatikanischen Konzil ein "Neues Pfingsten für die Kirche" ersehnen, von dem Papst Johannes XXIII. gesprochen hat.

Die vorliegende Textsammlung entstand im Auftrag des Generalpräsidiums der internationalen Schönstattbewegung, um die von diesem Gremium ausgesprochene Einladung zum Mitgehen des Weges zum Gnadenjahr 2000 zu konkretisieren. Die Auswahl, Bearbeitung und Zusammenstellung der Texte lag in den Händen von P. Günther M. Boll, Sr. M. Gertraud Evanzin und Dr. Peter Wolf. Ermutigt haben uns Vorarbeiten wie die Textsammlung in der Reihe "Sion Patris" der Schönstattpatres, die P. Gallus-Nicolás Schwizer in Asunción, Paraguay, 1977 zusammengetragen hat. Danken möchten wir den Generalleitungen der Schönstätter Marienschwestern, der Frauen von Schönstatt und der Schönstattpatres für die Abdruckrechte. Unser aufrichtiger Dank gilt dem Schönstatt-Verlag und Patris Verlag sowie dem Schönstatt-Frauenbund, die uns Texte zur Verfügung gestellt haben. Mögen die ausgewählten Texte mithelfen, uns auf dem Weg zum Geburtsfest des Herrn als solche zu erfahren, die vom Geist bewegt sind.

Daß wir im bewußten Eingehen auf die Heilig-Geist-Strömung in der Geschichte der Schönstattbewegung ein Herzensanliegen unseres Gründers treffen, ist mir am Ende seines Lebens wie ein Vermächtnis aufgegangen. Die auf einen kleinen Kreis zusammengeschmolzene Theologengemeinschaft hatte aus einer Erfahrung des Heiligtums in Oberkirch als Coenaculum am 20.04.1967 das Liebesbündnis mit dem Heiligen Geist geschlossen und so zu einem Neuansatz gefunden. Einigen von uns, die dem Gründer wenige Tage später davon berichteten, sagte er zu unserer Überraschung: "Wenn das Liebesbündnis mit dem Heiligen Geist geschlossen ist, kann ich ruhig sterben." Als im Jahr danach unser Gründer starb, bewegte uns dieses Wort zutiefst, zumal sein Sterbetag mit der zuvor geplanten Erneuerung des Liebesbündnisses mit dem Heiligen Geist zusammenfiel. Als wir bald danach vor seinem offenen Sarg standen, sahen wir, daß auf seinem Meßgewand über dem Herzen das Symbol des Geistes gestickt war. Es war uns wie ein Vermächtnis unseres scheidenden Vaters, in der Zeit nach seinem Tod aus dem Liebesbündnis mit dem Heiligen Geist zu leben.

Peter Wolf

Lebensmitteilung im
Heiligen Geist

*Komm herab von der Höhe des Himmels
in unser Heiligtum, das Coenaculum unserer
Dreimal Wunderbaren Mutter und Königin,
erfülle und durchdringe es mit Deinem göttlichen Lichte und Deiner ewigen Liebe!
Komm herab auf unsere Gemeinschaft,
laß alle Brüder ein Herz und eine Seele werden
und einmütig und beharrlich in Bitten und Danken Dich mit dem Vater und dem Sohne verherrlichen!
Komm herab auf unsere Apostolische Bewegung
und laß sie Sauerteig der Kirche werden!
Komm herab auf unsere heilige Kirche und führe sie als geliebte Braut makellos heim zur
Hochzeit des Lammes!
Komm herab auf die Welt und schaffe sie neu!
Vereinige die ganze Schöpfung mit der unwiderstehlichen, alles durchdringenden Kraft Deiner
Liebe und führe sie zum Herzen Christi, des ewigen Königs, und zum Unbefleckten Herzen Mariens zurück!
Dann vollende alles im ewigen Lobpreis
des dreifaltigen Gottes! Amen.*

Gebet der Coenaculumsgeneration
der Schönstattpriester, 4.10.1946

Pfingstbild in der Hauskapelle des
Priesterhauses Marienau, Schönstatt

Christentum als Lebensmitteilung

Das Christentum ist primär Lebens-, nicht Wahrheitsoffenbarung. Diese These steht am Anfang. Indem Sie die These hören, müssen Sie das Wort auf sich wirken lassen: *Offenbarung.* Es kann eine Wahrheitsoffenbarung sein und eine Lebensoffenbarung. Offenbarung kann eine Entschleierung von Wahrheiten und eine Entschleierung des Lebens sein. Das Christentum ist primär Lebensoffenbarung und nur sekundär Wahrheitsoffenbarung, also primär Entschleierung und Mitteilung des Lebens und sekundär Entschleierung und Mitteilung von Wahrheiten.

Primär also Mitteilung des *Lebens!* Was das besagen will? Die katholische Religion, das Christentum ist zunächst ein Einbruch des göttlichen Lebens in der Person Christi in das Irdische, in das Zeitliche. Lebensoffenbarung! Was wird geoffenbart? Was wird uns geschenkt? Das göttliche Leben in der Person Jesu Christi.

Das reicht noch nicht. Ein Stückchen weiter! Es ist dieser Einbruch des göttlichen Lebens in das Zeitliche gleichzeitig eine Vereinigung, eine Verbindung, wenn Sie wollen eine Vermählung dieses göttlichen Lebens mit der Braut Christi, mit seiner Kirche hier auf Erden.

Das reicht noch nicht. Das Leben, das die Religion darstellt, ist gleichzeitig das ständig nach Entwicklungsgesetzen sich entfaltende Agieren Christi und das Mitagieren seiner Braut, der Kirche, um die Welt zu entteufeln, zu entsündigen, zu vergöttlichen und zu verklären. Wenn wir diese These verständen, würde uns ungemein viel Licht aufgehen.

Wollen Sie auf Einzelheiten eingehen, dann dürfen Sie nicht übersehen, daß jedes echte, wahre Leben von Entwicklungsgesetzen getragen ist, so auch das göttliche Leben, das uns in Christus Jesus gebracht ist. Und wo sind die Triebkräfte, die in dieser Entwicklung tätig, lebendig und wirksam sind? Mich dünkt, wir müßten drei vor allem namhaft machen:

Das ist zunächst das immanente *göttliche Leben* selber. Da ist Christus selber die Triebkraft, ist der Gottmensch in seiner Person eine ungeheuer geladene Kraft. Das ist selbstverständlich, daß diese geladene Kraft sich nicht auf einmal entfalten kann, schon deswegen nicht, weil das Gefäß, die Kirche, nicht auf einmal dazu fähig ist. Sie ist konstituiert durch Menschen. Die eine Triebkraft, das ist Christus selber, das göttliche Leben selber, und die ungeheure Fülle, die in Christus geschenkt worden ist, diese mit Kraft geladene Persönlichkeit.

Und das zweite Element, das richtunggebend ist: die *Aufnahmefähigkeit* der Glieder der Kirche. Sie dürfen das nicht geringschätzen und -werten. Sehen Sie, der lebendige Gott paßt sich vielfach der Fassungskraft des menschlichen Geistes an. Nehmen Sie meinetwegen germanische Art, wie sie im Mittelalter sich ausgewirkt hat mit der Gemütstiefe, wie wir sie heute noch beim einfachen Volke wahrnehmen. Darin steckt die Fähigkeit, aus dem göttlichen Leben heraus, aus der Fülle Christi die Wahrheiten, die Lebenskeime aufzunehmen, die vom Gemüt besonders leicht aufgenommen werden können. So erklärt es sich, daß praktisch in der ganzen Kirchengeschichte das Volk führend war auf dem Gebiete der Mariologie. Sehen Sie, das göttliche Leben in Christus Jesus hat sich entfaltet nach der Aufnahmefähigkeit des Gefäßes. Und weil es sich in der Mariologie durchweg um Wahrheiten, um Lebensbeziehungen, um Lebensformen handelt, die vom Gemüt gefaßt werden, deswegen – so müssen wir zugestehen – ist das germanische Volk führend gewesen in der Mariologie. (...)

Ein drittes Element, das Stoßkraft, das Triebkraft entfaltet, sind die *Zeitbedürfnisse*. Sehen Sie, der lebendige Gott will das göttliche Leben in Christus uns auch schenken, um die Zeitverhältnisse zu überwinden, um die Zeitbedürfnisse zu befriedigen.

Es steht füglich die katholische Religion, das Christentum vor uns primär als eine Offenbarung des Lebens, eine Offenbarung der Vermählung des göttlichen Lebens in Christus mit seiner Braut, der Kirche; eine Vermählung, aber auch ein Entfaltung dieses göttlichen Lebens nach bestimmten Gesetzmäßigkeiten. (...)

Das ganze sprudelnde Leben, das Christus seiner Kirche mitteilen sollte, das entfaltet er im Laufe der Jahrhunderte nur stückweise. Die volle Entfaltung, die volle Entladung der geladenen Kräfte in Christus Jesus finden Sie nicht im Urchristentum, die finden Sie in den folgenden Jahrhunderten. Ja, das ist gleich, wo und wie und wann Christus die in ihm lebende geladene Kraft entfalten will, ob im 16. Jahrhundert oder am Anfang. Sehen Sie, was das eine universelle Auffassung der Kirche ist.

Gewiß, mit Recht werden Sie mich fragen: Liegen darin nicht *Gefahren?* Zweifellos liegen darin Gefahren. Sehen Sie, das ist halt der sensus fidei communis, der Glaubenssinn, der Geist Jesu Christi, der uns sagt, daß hier eine lebendige göttliche Kraft, Christus als Persönlichkeit, wirksam ist. "Der Geist ist es, der lebendig macht" (Joh 6,63), der Zeugnis ablegt, daß Christus wirksam ist.

Sehen Sie, der Laie hat zur Korrektur das offizielle kirchliche Lehramt. Das hat letzten Endes auch zu erklären, ob etwas, was als Glaubensgeist wirksam ist, wirklich aus dem Geist Christi herausfließt oder ob es subjektive Lieblingsneigung ist. Tatsächlich, unsere deutschen Gelehrten fühlen etwas am Wanken unter den Füßen. Was wankt denn? Der ganze Boden wankt jetzt. Die eigene Ratio ist auf einmal in den Hintergrund getreten. Wie stark sind wir nun als Gesamtheit der Kirche abhängig von einer höheren Führung. Und die Kirche selber, wovon wird sie geführt? Von dem Glauben, daß der Geist Gottes in der Kirche, durch die Leitung der Kirche lebendig und wirksam ist. (...)

Wollen Sie das noch einmal anders ausgedrückt wissen? Nehmen Sie das göttliche Leben, das uns in Christus Jesus geschenkt worden ist. Nehmen Sie es vergleichsweise wie einen Keim mit riesig viel Keimkraft. Sehen Sie, wann werden diese Keimkräfte sich entfalten? Das ist doch einerlei, ob heute, morgen oder übermorgen. Es wird sich nicht entfalten, was nicht als Keimkraft dort ist. Wiederum: Was setzt das einen Glauben an die Kirche voraus, an die Führung der Kirche, eine Abhängigkeit von der Leitung der Kirche! Auf der einen Seite die dogmatische Wissenschaft, im Hintergrund die Leitung der Kirche. (...)

Spüren Sie, wie eine Dynamik, eine Beweglichkeit in die Kirche kommt? Nebenbei: Spüren Sie, wie auch in unserer Familie der Glaubensgeist überall wirksam ist und richtig gegriffen? Es ist ein großer Akt der Dankbarkeit, der uns innerlich erfüllen will und muß. In allem, was wir bisher unternommen – so dürfen wir sagen –, ist der Heilige Geist führend gewesen. Daraus die Schlußfolgerung: Wir dürfen auch erwarten, daß derselbe Geist uns weiterführt.

Alles in allem, da steht das Christentum vor uns als Lebensgebilde, als Einbruch des Göttlichen hinein in die Kirche. Wollen Sie das noch einmal tastweise anders formuliert wissen? Soll ich Ihnen sagen, Christus hat seiner Kirche von sich und seinem geheimnisvollen Leibe ein Bild eingeprägt? Das Bild ist eingeprägt, aber wie lange braucht die Kirche, bis sie das Bild in seiner vollen Entfaltung vor sich sieht. Wie häufig muß das Bild geprägt werden, wie muß die Kirche sich entfalten, bis sie fähig ist, die einzelnen Züge an sich wahrzunehmen.

J. Kentenich, aus:
Delegiertentagung der Schönstattfamilie, 16.-20.10.1950

Heiliger Geist, der Leben schafft

Der Heilige Geist ist es, der alle unsere guten Keime unserer Seele weckt zu frischem, kräftigem, blühendem Leben. Um uns davon zu überzeugen, brauche ich nur zu erinnern an die Aufgabe der dritten göttlichen Person und an ihre Tätigkeit am ersten Pfingstfeste, die sich im Laufe der Jahrhunderte überall und stets wiederholt hat und noch täglich wiederholt.

Im Apostolischen Glaubensbekenntnis erklären und beten wir: Credo in Spiritum Sanctum, Dominum et vivificantem. Ich glaube an den Heiligen Geist, den Herrn und Lebendigmacher. Der katholische Glaube – und der hat in vorliegender Frage ohne Zweifel das letzte, das einzige Wort zu reden –, der katholische Glaube bringt den Heiligen Geist in engste Verbindung mit dem Leben. Er macht, er schafft das Leben.

Spiritus Domini replevit orbem terrarum et hoc, quod continet omnia, scientiam habet vocis. So beginnt heute der Introitus der heiligen Messe, so beten wir während der Pfingstwoche auch mittags und abends vor dem Essen. Der Geist des Herrn erfüllte den Erdkreis und er, der alles zusammenhält (umfaßt und durchwaltet), hat Stimmenkenntnis, d.h. vor ihm liegt offen da jede innerste Lebensregung des Geschöpfes, der ausgesprochene wie der geheimste Gedanke.

Spiritus Domini replevit orbem terrarum. Ist das nicht eine deutliche Erinnerung, eine offenbare Wiederholung des Wortes, das wir gleich am Anfang der Heiligen Schrift lesen: Et Spiritus Dei ferebatur super aquas – und der Geist Gottes schwebte über den Gewässern – über den Grundstoffen, aus denen alles Irdische gebildet werden sollte. Und in der Tat, Pfingsten steht in naher Beziehung zum Werke der Schöpfung, Pfingsten ist ein anderer, ein neuer Schöpfungstag. Der Heilige Geist kommt vom Himmel herab auf die Erde, um dort eine geistig-sittliche Neuschaffung vorzunehmen. Neu soll das sittlich-religiöse Leben des einzelnen werden. Diese Wahrheit erkennen wir an und bitten um ihre Bestätigung bei uns, sooft wir die Hände falten und beten: Emitte Spiritum tuum et creabuntur. Sende aus deinen Geist und alles wird neu geschaffen. Neu, erneuert werden soll durch den Heiligen Geist das ganze Angesicht der Erde. Et renovabis faciem terrae. Der Heiland hat sein Reich auf Erden gegründet: die katholische Kirche. Der Heilige Geist soll dieses Reich erhalten und ausdehnen bis an die äußersten Grenzen der Welt. Durch ihn soll Christi Geist siegen über den Weltgeist, die Herrschaft der bösen Geister soll weichen den unveräußerlichen Rechtsansprüchen Gottes.

Das ist die Aufgabe des Lebendigmachers: sittlich-religiöse Erneuerung des einzelnen und der Gesamtheit der Menschen.
Daß aber der Heilige Geist dieser Aufgabe gewachsen ist, das beweist sein Wirken, seine Tätigkeit am Pfingstfeste.

Menschlich gesprochen, hat der Heiland mit seinen großen Plänen über die Welterlösung Fiasko gemacht. Er, der große Seelenkenner, er, der die Herzen der Menschen lenkt wie Wasserbäche, war selbst drei lange Jahre hindurch der Lehrer und Erzieher – der Novizenmeister seiner Apostel gewesen. Und der Erfolg? Sie verstehen ihren Magister nicht, sie fassen seine Lehren nicht. Ganz ins Irdische versenkt, können sie sich nicht emporschwingen zu der Höhe seiner Denkweise. Ihr Sinnen und Trachten geht nach Rang und Ehren in ihrem eingebildeten irdischen Messiasreiche. Jeder will in diesem Reiche der erste, der größte sein. Als aber die rauhe Wirklichkeit ihre Luftschlösser vernichtete – als der Heiland den Weg des bittersten Leidens und Sterbens betrat –, da verlassen sie ihren Meister, sie ergreifen feige die Flucht. Einer der mutigsten von ihnen, der noch kurz vorher im Aufflackern seiner natürlichen Ritterlichkeit das Schwert für den Heiland gezogen, zittert bald wie Espenlaub vor dem Blick einer einfachen Magd.

Das sind die Männer, die Auserlesenen, denen der Gekreuzigte seine Sache, seine Sendung anvertraut. Ihnen wird der weltumspannende Auftrag zuteil. (...) Ist es nicht Wahnwitz, unter diesen Umständen einen glücklichen Ausgang für die Sache Christi zu erwarten? Noch ist die Ausrüstung der Apostel nicht vollendet. Der Heilige Geist soll Ordnung bringen in das Chaos ihres Herzens – in dem es wüst und leer ist wie zur Zeit des Sechstagewerkes in der Schöpfung. Er soll sie einführen in alle Wahrheit und sie stärken zu mutigen Aposteltaten. So hatte der Heiland versprochen.

Sehnsüchtig harren nun die Apostel auf die Erfüllung dieses Versprechens. Und wirklich! Es kommt der Erwartete. Sturm und Feuerzeichen bahnen ihm seinen Weg. Er läßt sich auf einen jeden nieder – und das Wunder der Verwandlung ist geschehen. Jetzt fürchten sich die Zwölfe nicht mehr vor einer Magd. Klar erfassen sie die ganze Größe ihres übernatürlichen Berufes. Repleti sunt omnes Spiritu Sancto: Alle sind erfüllt, angefüllt mit und von dem Heiligen Geiste. Et coeperunt loqui – und sie fingen an zu sprechen. All die Worte, die der Heiland zu ihnen gesprochen, die aber lange tot und unfruchtbar auf dem Grunde ihrer Seele geruht, finden nun in ihrem Innern einen freudigen Widerhall. Jetzt erkennen sie die ganze Größe ihres übernatürlichen Berufes. Et coeperunt loqui! Jetzt fürchten sie sich nicht mehr vor dem höhnischen und spöttischen Lächeln einer Magd. Mutvoll treten sie der ganzen Welt entgegen, voller Verlangen, für Christus und sein Reich ihr Blut zu verspritzen, ihr Leben zu opfern. Eine Kraft geht von ihnen aus, der man nur mit Mühe widerstehen kann. So wird ihr Kriegszug ein Siegeszug, der seine Wiederholung findet in allen christlichen Jahrhunderten, solange als der Heilige Geist sehnsuchtsvolle Menschenherzen findet, in die er sich niederlassen kann. Philipp Neri wollte mit zehn wahrhaft von der Welt losgeschälten Priestern alles dem Reiche Christi zinspflichtig machen...

Und wir, meine lieben Sodalen, wie oft und dringend haben wir in letzter Zeit nach dem Gnadenspender geseufzt und verlangt! Veni Sancte Spiritus – so komm, o komm doch, Heiliger Geist! Wir wissen, daß es dir etwas leichtes ist, uns gänzlich umzugestalten, all die guten Triebe und Kräfte, die in uns stecken, siegreich zur Entfaltung zu bringen. O komm! Erfüll mit deiner Gnadenkraft das Herz, das du erschaffen hast.

J. Kentenich, aus:
Vortrag für die Sodalen der Marianischen Kongregation in Schönstatt, 31.5.1914

Seele der Kirche

Wir brauchen den Heiligen Geist. Haben wir nicht in diesen Tagen wieder klar unsere Aufgabe gesehen: Auf- und Ausbauarbeit am Reich Gottes? Das Christentum, das Priestertum ist für uns nicht eine Himmelsleiter, sondern vielleicht stärker als zu anderen Zeiten eine Erdenleiter: Adveniat regnum tuum (Dein Reich komme), das Reich Gottes müssen und dürfen wir ausbauen. Wollen wir brauchbare Arbeit leisten am Auf- und Ausbau des Reiches Gottes, heroische Arbeit leisten, dann müssen wir den Heiligen Geist erwarten. Darum müssen wir auch den Heiligen Geist erhalten. Brauchbare Aufbauarbeit wollen wir leisten am Reich Gottes; brauchbare und viele Arbeit werden Sie leisten, wenn Sie nicht am Peripherischen hängenbleiben, am Oberflächlichen, am Nebensächlichen, am Zweitletzten. Brauchbar ist unsere Arbeit, wenn sie zentral gerichtet ist, wenn sie jeweils um die Seele der Kirche, um die Seele des Reiches Gottes kreist.

Wissen wir aber auch, was diese Seele ist? Wissen wir, meine Herren, daß diese *Seele der Kirche der Heilige Geist* ist? Das haben wir bisher vielleicht gar nicht oder nicht besonders praktisch, konkret genug gewußt, sonst hätten wir nicht so starken Abstand genommen vom Geist Gottes; sonst wären unsere seelsorglichen Werke mehr Seelsorge gewesen. Vor allem aber wissen die Gegner des Reiches Gottes hier auf Erden vom Heiligen Geist als der Seele der Kirche nichts, rein gar nichts, sonst würden sie jetzt nicht anfangen, ein Triumphgeheul zu erheben im Bewußtsein und mit dem Hinweis: Jetzt haben wir mehr als organisatorische Mittel, um die verhaßte Kirche niederzuzwingen. (...) Die Gegner der Kirche, die so sprechen und denken, was vergessen sie? Sie sehen die Kirche nur als äußere Organisation, nicht als Organismus, und sehen auch nicht die Seele, den Heiligen Geist.

Meine Herren, wissen wir das? Wollen wir, daß der Geist Gottes empfängliche Herzen findet, wenn er auf uns herabkommen will? Wollen und sollen wir uns dann nicht erneut vertiefen in diese große Wahrheit, daß der Geist Gottes, der Heilige Geist, die Seele seiner Kirche hier auf Erden ist? Was will der Heiland anders sagen, wenn er zum Vater betet: Vater, wie du mich in die Welt gesandt hast, so sende auch sie (vgl. Joh 17,18; 20,21)! Wollen wir das Wort nicht hören, als würde es in diesem Augenblick (...) buchstäblich Wirklichkeit? Vater, wie du mich in die Welt gesandt hast, so sende ich auch sie, damit sie eins seien, wie du in mir und ich in dir. So sollen sie alle in uns eins sein. Was will der Heiland damit sagen? Wo ist das Einheitsprinzip zwischen Vater und Sohn? Wo das bindende Band, wie der heilige Thomas sagt, die Urkraft zwischen Vater und Sohn? Die Dogmatiker sagen uns mit Hinweis auf die Heilige Schrift, es ist *der Heilige Geist.* Er ist es, der die Glieder der Kirche miteinander bindet und verbindet, er ist es auch, *der die Glieder der Kirche miteinander und mit dem Eingeborenen verbindet:* der Heilige Geist, die Seele der Kirche. Darauf weist auch wohl so manche Definition über das Wesen der Kirche hin, die bekannt geworden ist. Wie uns Bossuet in seiner genialen Art sagt: "Die Kirche ist Christus selbst, soweit er fortlebt und fortwirkt in den Jahrhunderten, in den Zeitaltern, in den Generationen." Die Kirche als der in der Welt weiter forthin sich zeugende Christus. Deswegen ist der Geist Christi auch der Geist seiner Kirche, der Heilige Geist. So verstehen wir auch wohl, was große Gottesgelehrte wie etwa der heilige Augustinus und der heilige Thomas uns sagen. Augustinus sagt uns: *Was die Seele für den Körper, das ist der Heilige Geist für die Kirche;* die

Funktionen, die die Seele im Körper, dem Leib gegenüber betätigt, sind die Funktionen, die der Heilige Geist der Kirche gegenüber betätigt. (...)

Wollen wir uns davon überzeugen? Wir, die wir heute die Kirche anders sehen als sonst, die wir dafür verantwortlich sind, daß die Kirche auch inmitten der heutigen Zeit ihre Unsterblichkeit bewahrt; wir, die wir dazu berufen sind, für die Kirche alles, unser Bestes, unsern Leib und unser Leben hinzugeben, wir erwarten den Heiligen Geist, wenn wir brauchbare Arbeit am Reich Gottes leisten wollen. Und die wollen wir leisten. Deswegen: Sende du doch – so rufen wir dem Vater, dem Eingeborenen selbst zu –, sende du diesen Heiligen Geist, damit wir, von ihm beseelt, tiefer und nachhaltiger einwirken können auf die Seele der Kirche, des Teiles der Kirche, den wir zu betreuen haben in unserer kleinen Pfarrfamilie.

So ahnen wir auch im einzelnen die *Wirksamkeit des Heiligen Geistes*. Wir gehen aus von dem Gedanken der Seele der Kirche. Der Geist Gottes, die Seele der Kirche, welche Funktionen hat er? Welche Funktionen hat die Seele dem Leib gegenüber? Eine schöpferische, eine gestaltende, eine beseelende, eine ordnende.

So ist auch der Heilige Geist das *schöpferische Prinzip* in der Kirche. Er schafft eigentlich die Kirche, schafft den mystischen Leib der Kirche, schafft Christus, schafft die menschliche Natur des Gottmenschen, schafft Christus als das Haupt der Kirche, schafft auch das Göttliche, das Begnadete in uns, Christus und seine mystischen Glieder. Das ist der Geist Gottes, der Heilige Geist, der hier wirksam ist als Seele in der schöpferischen Kraft.

Aber er ist auch das *beseelende Prinzip*. Er gibt seiner Kirche den Geist der Wahrheit, den Geist der Liebe, er gibt seiner Kirche auch den Geist der Freude und des Frohseins.

Er ist das *ordnende Prinzip* in der Kirche und deswegen auch das schöpferisch gestaltende Prinzip, das große Einheitsprinzip, das vor allem das Wachstum in der Eucharistie bewirkt.

Sehen Sie, wir erwarten diesen Geist, die Seele der Kirche. Emitte Spiritum tuum! Und wir beten das nicht allein; wir sind immer noch *in der Gesellschaft der Gottesmutter,* die auch mit uns bittet und bettelt und betet und wir mit ihr: Emitte Spiritum tuum! Brauchbare Arbeit wollen wir leisten am Auf- und Ausbau des Reiches Gottes. Wir wollen ja einen katholischen Idealstaat schaffen helfen in unseren Reihen und in unseren Kreisen und in unserer Pfarrfamilie.

Aber das reicht nicht! Die Zeiten sind heute so ernst! Heute müssen wir uns insgesamt darauf einstellen: *Heroische Aus- und Aufbauarbeit* müssen wir leisten. Heroismus ist heute nötig, außergewöhnliche Begnadung, schon allein, um gleich zu wissen, auf welcher Struktur heute gebaut werden muß; Gestaltungskraft, Gestaltungswille, um heute unsere Herde zu formen, das Reich Gottes brauchbar und fähig zu machen, die Welt zu überwinden. War das nicht zu allen Zeiten so? Wo wir aber an einer Zeitenwende stehen und die Kirche hineinstürmen muß, hinein in das wildwogende Meer der Zeit und der Welt: fühlen wir und müssen wir da nicht fühlen, wie bei solchen Zeiten der Geist Gottes in einzigartiger Weise hinausfließen muß? So war es im Anfang und so auch später immer wieder an großen Zeitenwenden. Und wir wissen das von der Dogmatik her: Wo es sich handelt um heroische Werke in und für Gott, da sind wir *total abhängig vom Heiligen Geist.* Wir wollen ja heroische Arbeit leisten, wollen ja nicht auf halbem Wege stehen bleiben, sondern trotz und wegen der Wirrnisse der heutigen Zeit im Hintergrund einen katholischen Idealstaat schaffen! Und je mehr wir dazu gerufen und berufen sind, um so inniger müssen wir flehen und bitten und betteln: Emitte Spiritum tuum! Wir erwarten den Geist Gottes, den Heiligen Geist. Ja, wir erwarten ihn, wir müssen ihn erwarten, weil wir ihn alle unbedingt nötig haben.

Meine Herren, darf ich Ihnen auch die Gegenseite in Erinnerung bringen? Wir erwarten den Heiligen Geist aber auch deswegen, *weil er uns nötig hat.* Gott ist der Unabhängige, der Unermeßliche, er kann tun und wirken, wie und was er will. Hat er sich aber einmal Gesetze gegeben, dann hält er sich auch an diese Gesetze. Wenn der heilige Augustinus sagt: Gott hat dich erschaffen ohne dich, er will dich aber nicht erlösen ohne dich, so weist er uns auf dieses Gesetz hin, das ich meine: Der Geist Gottes, der Heilige Geist, hat sich abhängig gemacht von Zweitursachen. Welch eine Ehrfurcht, die er da uns gegenüber bezeigt! Wenn er der Welt das Antlitz Christi aufdrücken will, dann tut er das nicht allein, sondern er benutzt Werkzeuge, hat sich davon abhängig gemacht. Ja, der Geist Gottes hat Werkzeuge nötig!

J. Kentenich, aus:
Exerzitien für Priester, 7.-13.10.1934

Durch Christus im Heiligen Geist zum Vater

Zum Lebensschicksal der lieben Gottesmutter gehört wesentlich das Pfingstfest, gehört wesentlich die Geistessendung. (...) Nun mag es sich darum auch erklären, daß wir alle eine ganz starke und tiefe Sehnsucht nach dem Heiligen Geiste haben, obwohl kaum die Rede davon gewesen ist, wenigstens nicht in den öffentlichen Vorträgen.

Sie sehen hier wiederum ein Gesetz des Reiches Gottes sich verwirklichen: Wenn wir uns der lieben Gottesmutter ganz hingeben, dann führt sie uns zielsicher nicht nur zu ihrem Kinde, sie führt uns über das Kind hinaus auch zum Heiligen Geiste. Sie will uns geleiten hinein in den ganzen Organismus der übernatürlichen Welt:

Per Christum in Spiritu Sancto ad Patrem!
(Durch Christus im Heiligen Geist zum Vater!)

Der Heilige Geist aber ist das große verbindende Band, das uns alle eng auch mit Christus und das uns alle untereinander und miteinander verbindet. Der Heilige Geist ist der Geist Christi. Der Heilige Geist ist deswegen auch der Geist des Corpus Christi mysticum. (Er) muß deswegen auch unser Geist werden!

Und in dem Maße, als die Gottesmutter uns hineingeleitet in den ganzen Organismus der übernatürlichen Welt, in demselben Maße werden auch wir entzündet werden müssen vom Geiste Gottes, vom Heiligen Geist!

J. Kentenich, aus:
Vortrag für Schönstätter Marienschwestern, 24.5.1931

Maria
und der Heilige Geist

Heiliger Geist der Liebe
des Vaters und des Sohnes,
der Du das göttliche Herz Jesu
im Schoße der jungfräulichen Mutter
gebildet hast,
der Du mit Deinen sieben Gaben
auf ihm ruhtest,
der Du die Gottesmutter
als ein "Wunder über allen Wundern"
zu Deinem Werk und Werkzeug machtest,
der Du die Kirche erleuchtest,
durchglühst und durchliebst,
der Du aus Stephanus
und allen Zeugen des Herrn sprichst,
ergreife mich,
durchglühe mich!

Prälat Joseph Schmitz, 1900-1986,
Schönstattpriester

Der Heilige Geist und Maria,
Innenseite der Tabernakeltür im Schönstattheiligtum

Der Heilige Geist im Leben der Gottesmutter

Aber haben wir nicht schon oft den Heiligen Geist empfangen? Jedes Jahr feiern wir ja Pfingsten. Von einer durchgreifenden Umwandlung, von einer sittlich-religiösen Erneuerung ist jedoch nichts oder wenig zu merken. Mag sein! Dann liegt die Schuld an uns, nicht am Heiligen Geist. Doch für dieses Jahr können wir uns eines größeren Erfolges versichert halten.

Wir haben uns diesmal ja auf seine Herabkunft wie die Apostel im Abendmahlssaal vorbereitet. Et erant omnes unanimiter perseverantes in oratione cum Maria, matre Jesu (vgl. Apg 1,14). Um Maria geschart und mit Maria hielten sie einmütig eine neuntägige Andacht, um den Heiligen Geist und ein gerütteltes und geschütteltes Gnadenmaß vom Himmel herabzuziehen. Mitgewirkt hat Maria wie kein anderer Mensch zum Werke der Menschwerdung und Welterlösung am ersten Weihnachts- und Osterfeste, wie kein anderer Mensch auf Erden wirkte sie nun auch beim ersten Pfingstfeste mit. So haben auch wir uns in der Marianischen Kongregation um Maria versammelt, wir haben unsere Gebete mit den ihrigen vereinigt. Und gewiß! Ihr Gebet wird heute wie ehedem wirksam sein; so viel vermag sie beim Gnadenspender, als sie bei ihm in Ansehen steht, als sie Einfluß auf seine Bestimmungen hat.

Daß aber dieser Einfluß ganz einzigartig dasteht, deutet uns die Heilige Schrift und Überlieferung an, wenn sie Maria die Braut des Heiligen Geistes nennt. Zwischen beiden herrscht darum eine bräutliche, eine zarte Liebe, ein freudiges Eingehen auf die gegenseitigen Wünsche und Bitten. Der Heilige Geist macht sich eine Ehre daraus, seine Gnaden durch seine Braut zu spenden, ja er kommt all ihren Wünschen liebevoll zuvor. Kaum hatte er sie überschattet, da drängt und führt er sie schon über das Gebirge, um durch sie dem Haus des Zacharias seine Gaben mitzuteilen. Elisabeth wird vom Heiligen Geiste erfüllt und ihr Kind – Johannes, der Vorläufer des Herrn – erhält die Gnade der Rechtfertigung. Und damit dieses Ereignis nur ja nicht mißverstanden werden könne, daß seine Liebe und Zuneigung zu Maria nur ja recht deutlich zum Ausdruck komme, singt er gleichzeitig selbst durch den Mund Elisabeths das Lob seiner jungfräulichen Braut. Daraus erkennen wir ein Gesetz, das in der übernatürlichen Ordnung unwiderrufliche Geltung hat: Die Verehrung, das Lob Mariens, gefällt dem Heiligen Geist nicht nur, nein, er ist auch selbst dessen Ursache – und Maria kann nicht würdig gepriesen werden ohne seine Erleuchtung und Kraft. Je größer darum die Marienliebe, desto reichlicher und ununterbrochener strömen die Gaben des Heiligen Geistes, und umgekehrt, je mehr einer vom Heiligen Geiste erfüllt ist, desto glühender seine Marienliebe.

Glücklich die Apostel, die sich der Gunst Mariens versicherten und mit ihr die Herabkunft des Heiligen Geistes erflehten. Der Erfolg entsprach vollkommen ihren Erwartungen. Glücklich sind auch wir, daß wir uns eng und innig an Maria angeschlossen haben, daß wir ihr unsere Anliegen anempfohlen, unsere Bitten und Wünsche an den Heiligen Geist zu Füßen gelegt.

J. Kentenich, aus:
Vortrag für die Sodalen der Marianischen Kongregation in Schönstatt, 31.5.1914

Gefäß und Werkzeug des Heiligen Geistes

In der Lauretanischen Litanei haben wir eine Blütenlese der schönsten Titel, womit man Maria ehrt. (...) Die meisten Titel sind leicht verständlich, besonders die im ersten Teil. Da treten uns die Ehrenvorzüge der Gottesmutter entgegen: Mutter Gottes, Jungfrau usw. Sie weisen uns hin auf die Macht und Güte der Gottesmutter. Der zweite Teil weist einige Anrufungen auf, die schwieriger zu verstehen sind. Es ist dazu notwendig, ein wenig vertraut und gewandt zu sein mit der Heiligen Schrift. Sind sie doch hervorgegangen aus den bildlichen Darstellungen des Alten Testamentes.

Zu dieser Art gehört auch die Anrufung "vas spirituale". Was will der Titel besagen? Ich muß die Heilige Schrift befragen, wie sie den Titel aufgefaßt haben will. Vas ist die sinnbildliche Darstellung für den Menschen, bald für den Leib, bald für die ganze Persönlichkeit. (...) So sprach Gott zu Ananias des Paulus wegen: Er ist mir ein auserwähltes Werkzeug (vas electionis, vgl. Apg 9,15). Die ganze Person ist von Gott in besonderer Weise geheiligt und in Besitz genommen.

Wenn wir nun Maria anrufen "vas spirituale", dann denken wir daran, daß auch sie ein auserlesenes Werkzeug ist, viel mehr als Paulus und die andern großen Apostel.

Wir sagen nun weiter "vas *spirituale*", ein geistliches Werkzeug. (...) In ihr soll das Wunder der Menschwerdung verkörpert werden. Sie soll mitwirken zur Erlösung und Heiligung der Welt. Sie ist das vom Heiligen Geist benutzte Glied der Menschheit, um die Erlösung zu ermöglichen, zu verwirklichen, zu vollenden.

1. Maria ist *ein vorzügliches Gefäß*. Sehen Sie wieder einmal recht hin auf Maria. Sie ist über und über erfüllt vom Geiste Gottes. Wie hat doch der Heilige Geist sich auf sie herniedergelassen, auf ihre Seele, und hat sie befreit von der Erbsünde. Aber auch ihren Leib hat er verklärt, bewahrt vor dem Stachel der Begierlichkeit. Und wozu hat er sie benützt? Denken Sie da einmal an die ganze große Aufgabe der Gottesmutter!

2. (Maria ist) *ein gutwilliges Werkzeug*. Gott als causa prima (Erstursache) arbeitet mit Hilfe der causae secundae (Zweitursachen); er benützt sie für seine Pläne. Aber im Gebrauch dieser Wirkursachen richtet er sich nach der jeweiligen Natur der Wirkursache. Und nachdem er den Menschen frei geschaffen, nimmt er Rücksicht auf den freien Willen des Menschen. Darum bittet und bettelt Gott beim Menschen jeweils um die Zustimmung. So wurde auch die Gottesmutter um ihr Jawort ersucht. Und sie, das vas spirituale, gab ihr Wort: Fiat! (vgl. Lk 1,38)

3. (Maria ist *ein) überaus wirksames (Werkzeug)*. Denken Sie da einmal an die Wirksamkeit des Fiat bei der Verkündigung – es wirkt ein auf die ganze Erlösung –, an die Wirksamkeit des Fiat unter dem Kreuze, sodann auch an das Gesetz der allgemeinen Gnadenvermittlung. Von diesem Werkzeug aller Gnade sind wir abhängig.

J. Kentenich, aus:
Seelenführerkurs, 1927

Wo der Heilige Geist Maria findet ...

Und nun lassen wir uns einmal aufmerksam machen auf eine eigenartige Gesetzmäßigkeit im Reich Gottes. Ein heiliger Marienverehrer, Grignion von Montfort ist sein Name, der hat uns einmal in überaus verständlicher Weise ein Gesetz des Reiches Gottes aufgeschlossen. Der sagt so: Wenn der Heilige Geist in einer Seele seine Braut, die Gottesmutter, entdeckt, (...) dann kommt der Heilige Geist mit seinem endlosen Reichtum in diese Seele hinein. Also vorher formt er die Gottesmutter in uns. Wiederum – und wenn er die Gottesmutter nun entdeckt in uns, ein Abbild der Gottesmutter, dann ist er nicht spärlich, dann ist er nicht reserviert, bleibt er nicht fern von mir und meiner Seele; mit seinem endlosen Reichtum kommt er in diese Seele hinein, und in dem Maße schenkt er seine Gaben, seine Gnaden, bringt er seine Geschenke, als die Seele ein Abbild der lieben Gottesmutter geworden ist. Sind das nicht wundersam schöne und tiefe Zusammenhänge? (...)

Nun sagt Grignion von Montfort: Wir finden heute zu wenig Idealgestalten unter den Christen, an denen der liebe Gott, der Heilige Geist, Wunder der seelischen Wandlung wirkt. Und weshalb? Weil der Heilige Geist nur dort Heroisches formt und gestaltet, wo er seine unzertrennliche Braut findet. Der Heilige Geist will also nur dort tiefer in die Seele greifen, wo er seine Braut, die unzertrennlich mit ihm verbunden ist, wiederfindet. Wenn er also in mir keine Maria entdeckt, keine Mariengestalt, keine Marienhaltung, kein Abbild der lieben Gottesmutter, dann hat er kein Interesse daran, in mir Großes zu wirken.

Ja hier müßten wir an sich ein wenig stehenbleiben. Und wenn wir tiefer graben, dann will dieses große Gesetz uns sagen – wir erinnern uns an das, was wir im Credo beten –:

Et incarnatus est de Spiritu Sancto ex Maria Virgine (er hat Fleisch angenommen durch den Heiligen Geist aus Maria, der Jungfrau). Was das heißt? Wie, auf welchem Wege, auf welche Weise hat der eingeborene Gottessohn Fleisch angenommen, et incarnatus est? Die Antwort – wir beten das ja ungezählt viele Male –: durch die Vermählung des Heiligen Geistes mit der Gottesmutter, de Spiritu Sancto ex Maria Virgine; dadurch, daß der Heilige Geist Besitz ergriffen hat von der Gottesmutter, den mütterlichen Keim gleichsam in Bewegung gesetzt hat: Et verbum caro factum est (und das Wort ist Fleisch geworden), et incarnatus est (und ist Mensch geworden). Das ist dasselbe Gesetz, wie wir wiedergeboren werden sollen. Wenn wir aus Gott wiedergeboren werden sollen – wodurch geschieht das? Dadurch, daß der Heilige Geist sich erneut vermählt – ex Maria Virgine. Wer Christi Gestalt annehmen soll, wer christusgestaltet werden, ein alter (anderer, zweiter) Christus werden soll – und das ist ja doch der Sinn des Christentumes: wir sollen andere Christusse werden – ja, wie werden wir das? Wie werden wir das in vollendeterer Weise? Dadurch, daß der Heilige Geist in uns die Gottesmutter entdeckt und in und durch seine Braut nun Christus neu in uns gestaltet.

J. Kentenich, aus:
Predigt für die deutsche Gemeinde St. Michael in Milwaukee, USA, 3.6.1962

In der Erwartung des Heiligen Geistes

Die Apostel erhalten den Auftrag des Heilandes, eine marianische Pfingstnovene abzuhalten, damit sie fähig würden, den Heiligen Geist zu empfangen.

Soll das nicht auch für uns gelten? Ora pro nobis! Bitte für uns, o heilige Gottesgebärerin, damit wir würdig werden der Verheißungen Christi, besonders aber dieser Verheißung Christi, der Verheißung des Heiligen Geistes, der Kraft aus der Höhe (vgl. Lk 24,29). Wer von uns braucht diese Kraft nicht? (...)

Darum wollen wir auch die neun Tage vor Pfingsten recht gut benützen, daß der Heilige Geist auf uns herabkommt und wir alle umgewandelt werden von irdisch gesinnten zu göttlich, zu übernatürlich gesinnten Menschen, daß wir von Gotteskindern zu Gottesstreitern emporwachsen und überall Zeugnis ablegen können bis an die Grenzen der Erde. Überlegen Sie, ob und wie Sie privatim oder in Gemeinschaft diese neun Tage besser noch als bisher halten können. Hier handelt es sich um eine Andacht, die tiefgehend wirkt für unser ganzes Leben und für unsere ganze Gemeinschaft.

Es sind besonders drei Punkte oder drei Methoden, drei Arbeitsweisen oder drei Affekte:

1. Zurückgezogenheit,
2. Gemeinschaft im Gebet und
3. Gemeinschaft mit der lieben Gottesmutter.

Diese drei Gedanken müßten wir in dieser Neuntage – Andacht festhalten.

1. Zunächst *Zurückgezogenheit.* Wir müssen uns eine geistige Einsamkeit erringen. Der Heiland hatte ja außer der Verheißung den Aposteln den Auftrag gegeben: Bleibt schön beieinander, geht nicht zu euren Familien. Und so sind sie in den Abendmahlssaal gegangen. Wie viele Erinnerungen wurden da wach! Da hat der Heiland gesessen. Da hat er die heilige Eucharistie eingesetzt und dieses und jenes Wort gesprochen.
Sie sind zwar noch triebhaft und ängstlich in der Seele, aber die Gnade Gottes hat schon in ihnen gewirkt. (...)

Auch wir müssen unseren Geist zurückziehen, und zwar besonders in diesen Tagen. Und einer der großen Affekte unserer Seele soll der Sehnsuchtsschrei sein: Veni, veni, Sancte Spiritus! Komm, Heiliger Geist!

2. Aber ich bitte Sie dringend, denken Sie nicht nur an Ihre eigene Seele. Nein, bleiben wir eine *innige Gemeinschaft.* So war es bei den Aposteln auch. Wir wollen füreinander um den Heiligen Geist beten. (...) Die Zurückgezogenheit der Apostel war durchtränkt von diesem Affekte, von dieser *Gebetsstimmung.* Es heißt ja ganz klar: Sie verharrten einmütig im Gebete(vgl. Apg 1,13). Vielleicht mögen sie sich erinnert haben an so viele Worte, die der Heiland gesprochen, zum Beispiel: "Wo zwei oder drei in meinem Namen versammelt sind, da bin ich mitten unter ihnen" (Mt 18, 20). (...)

Wollen wir nicht auch den Gebetsgeist im allgemeinen erneuern? Gewiß, wir haben jetzt nicht viel Zeit zu äußeren Gebetsübungen, aber die stillen Herzensgebete während der Arbeit können und müssen wir mehr pflegen. Wir haben schon oft gesagt: Das Gebet ist der Gradmesser des göttlichen Lebens in unserer Seele. Fühlen Sie sich selber den Puls, legen Sie das Barometer an. Wie steht es mit meinem Gebetsgeist? Ist er noch sehr schwach? Dann muß der Heilige Geist kommen. Aber wir haben wenigstens Sehnsucht nach diesem Gebetsgeist.

3. Marianische Pfingstnovene! Meinen Sie nicht, *die Gottesmutter* wäre für diesen Gebetsgeist bei den Aposteln nicht nur *Vorbild,* sondern auch gleichzeitig *Fürbitterin* gewesen?

Die Gottesmutter als Vorbild! Ich kann mir das nicht anders vorstellen. Die Apostel waren so erdhaft, und die Gottesmutter hatte schon den Heiligen Geist empfangen. Sie war voll der Gnade. Das muß uns ungemein elektrisieren und warm machen für unsere liebe Himmelsmutter. Während die Apostel – die doch die Säulen für die Kirche werden sollten – so triebhaft waren, loderte schon das Feuer der Gottesliebe in der Gottesmutter, und der Heilige Geist hatte sie schon erfaßt. Es steht doch in der Heiligen Schrift: Sie war das begnadetste Wesen. Wie hat das aufmuntern müssen. So ist sie sicher das Vorbild des Gebetes, der Gebetsstimmung und -gesinnung gewesen.

Aber nicht bloß das. Ich weiß nicht, ob Sie das Bild schon gesehen haben – es ist bei uns oben in der Kapelle (im Studienheim, heute Theologische Hochschule) –, wie die alten Künstler die Herabkunft des Heiligen Geistes dargestellt haben. Da steht die liebe Gottesmutter ganz im Zentrum und um sie herum die Apostel. Da ist der Moment der Geistsendung dargestellt. Die Strahlen gehen nach rechts und links, aber die stärksten fallen über die Gottesmutter. Und die Apostel wissen nicht, wo sie hinschauen sollen, teils schauen sie auf die Taube, teils auf die Gottesmutter. Was soll das bedeuten?
Die Apostel verdanken die Herabkunft des Heiligen Geistes, und zwar die schnellere und reichlichere Herabkunft des Heiligen Geistes, der lieben Gottesmutter, ihrem Gebet.

Das stimmt auch so ganz zur Geisteshaltung des alten Christentums. Die Gottesgelehrten sagen uns, die liebe Gottesmutter hat die Geburt des Erlösers beschleunigt durch ihr Gebet. Und so muß man auch annehmen, daß sie durch die innigen, heißen Gebete die Herabkunft des Heiligen Geistes beschleunigt hat und daß er mit besonderer Kraft und Macht herabgesandt wurde. Das steht natürlich nicht wortwörtlich in der Heiligen Schrift, aber das sind Kerngedanken, Grundzüge, die muß man herauslesen, wo sie da und dort niedergelegt sind. (...)

Wir müssen uns um die liebe Gottesmutter sammeln, um von ihr zu lernen, in der Zurückgezogenheit, im Geiste des Gebetes die Verheißung des Gottessohnes, die Kraft aus der Höhe zu erwarten. Probieren Sie einmal, den Gedanken in den nächsten Tagen durchzuführen. (...) Und dann beten Sie recht oft: Veni, Sancte Spiritus! Vergessen Sie aber auch nicht das andere Gebetchen: Ora pro nobis, sancta Dei Genitrix! Bitte für uns, o heilige Gottesgebärerin!

J. Kentenich, aus:
Vortrag für Schönstätter Marienschwestern, 27.5.1927

Abbild des Heiligen Geistes

Maria steht vor uns als das vollkommene Abbild des Heiligen Geistes. Wollen Sie sich jetzt nicht einmal ein wenig Zeit und Gelegenheit nehmen, um tiefer einzudringen in die Uridee, die der lebendige Gott von Ewigkeit von der lieben Gottesmutter gehabt und in der Zeit verwirklicht hat?

Ich schaue einmal auf die ersten Blätter der Heiligen Schrift. Da sehe ich, wie der liebe Gott Adam und Eva erschaffen. Wie steht das Elternpaar vor meinem geistigen Auge? Als ein Abbild des dreifaltigen Gottes! Ich muß also emporschauen in das Herz des Dreifaltigen, ich muß mir sagen lassen, daß der Vater von Ewigkeit sich selber erkennt und daß dieses Erkenntnisbild der eingeborene Gottessohn ist. Der Mann Adam sollte nun ein Abbild der ewigen göttlichen Weisheit werden. – Und Adam sollte dann später angeeint erhalten eine Gehilfin, er sollte ja nicht allein sein. "Ich will ihm eine Gehilfin schaffen, die ihm gleich sei" (Gen. 2,18). Eva wurde geschaffen. Worauf weist Eva hin in ihrem ganzen Wesen? Wir schauen wieder empor in den Schoß des dreifaltigen Gottes. Der Vater und der Sohn hauchen in einem ewigen Liebeshauch den Heiligen Geist. Es steht also der Heilige Geist vor uns als die persongewordene Liebe zwischen Vater und Sohn. Wie steht Eva vor uns? Als Abbild des Heiligen Geistes, als Abbild der persongewordenen Liebe, die im Schoße des dreifaltigen Gottes von Person zu Person flutet.

So hatte der liebe Gott Adam und Eva gedacht, so das Menschengeschlecht: als ein Abbild des dreifaltigen Gottes. Und ihre Aufgabe sollte darin bestehen, hineinzuwachsen in das Ewige, in das Göttliche, dadurch, daß sie sich gegenseitig anregten, in vollendeter Weise Abbild der ewigen Weisheit und Abbild des Heiligen Geistes zu sein. Nun wissen wir um die große Tragik der Weltgeschichte und der Menschheitsgeschichte. Wir wissen, daß Eva, die die Gehilfin und Gefährtin Adams werden und sein sollte auf dem Wege zum Ewigen, zum Göttlichen, von der Schlange versucht, von der Schlange verführt wurde und wie der große Liebesstrom, der von Eva durch das Herz Adams emporsprudeln sollte, hinein in das Herz Gottes, wie dieser Liebesstrom nicht nur das Herz Evas, sondern auch das Herz Adams heruntergezogen hat zum Irdischen, zum Weltlichen, zum Diabolischen. Eine furchtbare Tragik, eine Tragik um das Edle, um das Schicksal des Weibes, aber auch eine Tragik um das Schicksal des Mannes. Der Mann sollte Abbild der ewigen Weisheit sein, aber durch den Einfluß des Weibes ist diese Weisheit nunmehr eine Weisheit des Fleisches, eine diabolische Weisheit geworden. Eva, die ihr Herz öffnen sollte dem Mann, das Herz des Mannes in sich aufnehmen und mit sich emportragen sollte zum Ewigen, zum Unendlichen, hat nun zwar den Mann und das Herz des Mannes in das eigene Herz aufgenommen, aber das Herz hinabgezogen, hinuntergeschleudert in den Schmutz. Der Plan Gottes ist vereitelt. Wo ist nunmehr das Menschengeschlecht, das ein Abbild des dreifaltigen Gottes darstellen sollte?

Gott hält an seinen Plänen fest. Nach Jahrhunderten, nach Jahrtausenden spüren wir, wie der lebendige Gott den Urplan nun in vollendeter Weise verwirklicht. Christus, der Gottmensch, nimmt Gestalt an aus dem Schoße der Jungfrau von Nazaret. Nunmehr haben wir im Gottmenschen, dem neuen Haupt der menschlichen Gesellschaft, auch unserem Haupte, nicht nur ein Abbild der ewigen Weisheit, sondern die inkarnierte ewige Weisheit. Abbild des Heiligen Geistes ist nun nicht mehr Eva, sondern die Gebenedeite unter den Weibern – und zwar so vollendet, daß sie dem ewigen Gott in wundersamer Weise angeeint ist, in ihn, in seine Aufgabe hineingewachsen ist und keine andere Sehnsucht kennt, als alles, was sich ihr schenkt, ihm zuzuführen, damit so die Welt mehr und mehr ein Abbild des Himmels, der ewigen Seligkeit, ein Abbild des dreifaltigen Gottes werde.

So habe ich also sagen dürfen: Wem schenken wir uns? – Die Antwort lautet nun: Der lieben Gottesmutter, die ein vollkommenes Abbild des Heiligen Geistes ist. Wir werden später, wenn wir ein Stückchen weiter sind, auf den Quellgehalt dieser schlichten, einfachen Formulierung noch einmal zurückgreifen dürfen. Wie steht also die Gottesmutter vor uns? Als Abbild des Heiligen Geistes, als ein brennender Dornbusch, als ein glühendes Feuer, von dem nicht bloß Licht ausgeht, sondern von dem auch endlose Wärme ausgeht. So sehen wir die Gottesmutter vor uns in einer ungemein tiefen Liebeseinheit mit der ewigen Weisheit. Der Heilige Geist hat sich in ihr ein Bild, ein Abbild geschaffen.

J. Kentenich, aus:
Exerzitien für die Schönstatt-Frauenliga, 6.-9.9.1951

Symbol des Heiligen Geistes

Das Wesen der Frau: personifizierte Hingabe, personifizierte Liebe. Darum hat man sich ja auch vielfach in der Kirche bei Gottesgelehrten und bei strebsamen Laien daran gewöhnt, die Gottesmutter als das Symbol des Heiligen Geistes anzusehen.

Symbol des Heiligen Geistes. Für den Vater haben wir Symbole genug, für den Heiland auch. Für den Heiligen Geist ist man gemeiniglich in Verlegenheit. (Symbol) ist halt die Taube. Wo sind hier die Vergleichspunkte?

Tiefer ist ja wohl letzten Endes die Gottesmutter als das Symbol des Heiligen Geistes, weil der Heilige Geist ja die Hingabe, die Liebe in Person ist. Und die Gottesmutter ist die personifizierte Liebe. Wenn wir so die Dinge im Zusammenhange sehen, dann werden wir besser verstehen, weshalb wir – zum Beispiel wenn wir "Himmelwärts" auf uns wirken lassen – wohl des öftern hören und lesen vom Heiligen Geiste, aber daß er in den sprachlichen Formulierungen nicht so sehr den Platz einnimmt, der ihm eigentlich zusteht. Müssen dorten, wo von der Gottesmutter die Rede ist, sie immer wieder in irgendeiner Weise auffassen als Symbol des Heiligen Geistes. Darum Hingabe an die Gottesmutter ist Hingabe an den Heiligen Geist, und zwar per eminentiam.

J. Kentenich, aus:
Vortrag für Schönstattpatres, 1.3.1963

Vergegenwärtigung des Herrn

Oft will ich mir vorstellen, mit allen Geschöpfen im Abendmahlssaal von Jerusalem zu sein, wo die Apostel den Heiligen Geist empfingen.

Wie die Apostel dort mit Maria zusammen waren, so möchte ich mit meiner geliebten Mutter und Jesus zusammen sein.

Da diese meine besonderen Fürsprecher sind, bin ich sicher, daß sie auf mich und alle Geschöpfe die Fülle des Heiligen Geistes herabsteigen lassen.

Heiliger Vinzenz Palllotti, 1795-1850,
Seligsprechung 1950, Heiligsprechung 1963

Coenaculumsdarstellung auf Silberplatte
im Innern des Tabernakels im Schönstattheiligtum

Der Heilige Geist
entschleiert die Herrlichkeit des Herrn

Wenn ich das jetzt in unserer Sprache ausdrücken will, eine klare Antwort auf die Frage geben (will): *Welche Bedeutung hat der Heilige Geist für das Leben der Apostel?*, dann meine ich zwei Dinge hervorheben zu müssen. Erstens, er entschleiert in vollendeter Weise die göttliche Herrlichkeit des Gottmenschen; zweitens, er gibt Anleitung, wie die Apostel rückblickend auf die Vergangenheit die geheimen Begegnungen Gottes nachkosten und mit Rücksicht auf die Zukunft die Begegnungen Gottes, wenn sie kommen, unmittelbar mitkosten können. – Das klingt sehr gelehrt, ist aber sehr einfach.

Wenn ich an das erste Geschenk, an die erste Bedeutung denke, dann muß ich natürlich zunächst fragen – (es) ist dasselbe, was ihr wahrscheinlich auch mich fragt –: Ja hat denn der Heiland seine Herrlichkeit nicht selber genügend entschleiert? Nein, das hat er nicht getan! Das ist etwas Eigenartiges, es ist auch das, was heute unsere Gelehrten viel stärker als früher hervorheben, was aber klar in der Heiligen Schrift steht: Der Heiland hat zwar sich entschleiert als Sohn Gottes – auch *klar!* –, aber die Apostel haben's nicht verstanden! Es war also an sich notwendig, daß der Heilige Geist kam, damit der Heiland verstanden würde in seiner ganzen Größe, in seiner göttlichen Herrlichkeit.

Ich brauche nur ein Beispielchen zu nennen. Wir denken einmal an den heiligen Petrus. Der Heiland hat – ist ja auch menschlich verständlich – bei Gelegenheit einmal seine Apostel examiniert, nachdem er schon länger tätig war: "Wofür halten denn nun eigentlich die Menschen den

Menschensohn? Was sagen die da draußen von mir?" Ist menschlich. Wir möchten das ja auch manches Mal wissen, was die andern alles von uns sagen; auch dann (von uns sagen), wenn wir nicht dabei sind. Ja was sagen sie denn nun alles? Und dann haben die Apostel losgelegt, was sie gehört: Der eine sagt das, der andere sagt das, der andere sagt das. Dann aber die große Gewissensfrage: "Ihr aber, wofür haltet ihr mich?" Petrus (gibt) im Namen der kleinen Gesellschaft die Antwort: "Du bist Christus, der Sohn des lebendigen Gottes." (Da) steht's ja klar! Es ist nicht so, daß das nur total oberflächlich war. Der Heiland hat dann gleich beigefügt: "Ja Petrus, wahrhaftig, nicht Fleisch und Blut hat dir das geoffenbart, sondern mein Vater, der im Himmel ist" (vgl. Mt 16, 13-17). Gewohnheit des Heilandes: Alles (hat er) auf den Vater zurückgeführt. Es ist also ein Geschenk von oben.

Und trotzdem, ich meine, wenn wir das Leben des Apostels, das Leben des heiligen Petrus weiter auf uns wirken lassen, dann spüren wir, daß er die Tragweite dessen, was er gesagt, überhaupt nicht verstanden hat. Soll ich das beweisen? Ah, dann – eine ganze Menge von Beweisen fliegen mir dann sofort zu. Wir denken zum Beispiel einmal daran (wie das war), als der Heiland zum ersten Mal von seinem Leiden sprach: "No", sagt Petrus, "das darfst du nicht, das geht nicht!" (vgl. Mt 16,22). Hat ihn zurechtgewiesen. Hätte er wirklich tiefinnerlich erfaßt, wäre er überzeugt gewesen, das ist Gottes Sohn in dem urtümlichsten Sinne des Wortes, hätte er selbstverständlich eine solche Einwendung nicht machen können. Oder wenn wir nachher sehen, wie er den Heiland verleugnet – wie wäre das möglich gewesen, wenn er davon überzeugt gewesen wäre: Ja wahrhaftig, das ist Gottes Sohn; (wenn er) so absolut und solid davon überzeugt gewesen! Es war das nur so ein allgemeiner Dunst, so etwas Allgemeines, so ähnlich, wie auch wir das vielfach haben. (...)

Was soll der Heilige Geist? Er soll mich verherrlichen (sagt der Heiland), die Binde wegtun, das Licht des Glaubens aufstrahlen lassen, damit ihr mich erkennt in meiner ganzen Größe, in meiner ganzen Sendung. Und das dürfen wir zur Ergänzung beifügen: Nachdem der Heilige Geist gekommen, also nach Pfingsten – wir lesen das (Apg 2), merken das, wissen es auch von früher von den Schulbänken her –, wie haben sich dann die Apostel gegeben? Die Binde (ist) weggefallen, (und die) Angst (ist) weg. Da, jetzt stehen sie da, jetzt geben sie Zeugnis, jetzt sind sie bereit, für ihren Glauben, auch für den Glauben an die Gottheit des Gottmenschen Leben und Blut herzugeben. (...)

Zweite Antwort. Die ist besonders bedeutungsvoll für uns heutige Menschen (...): Der Heilige Geist will die Apostel anleiten (...), nach(zu)kosten die geheimen Begegnungen Gottes. Die geheimen Begegnungen. Zunächst: Wie hat der Heilige Geist das getan? Durch praktische Erfahrung. Das können wir uns sofort vorstellen. Denken wir meinetwegen einmal an den heiligen Johannes, denken wir meinetwegen einmal an den heiligen Petrus. Nachdem denen ein Licht aufgegangen: Der, mit dem wir nun zusammen gegessen und gesessen, das war im vollsten Sinne des Wortes Gott! Das hat man früher auch (so dahergesagt): Ja, das ist Gott, Gottes Sohn. Ob wir das gut verstehen können, den Unterschied? Wahrhaftig, das können Sie sich vorstellen, wie sie auf einmal alle Erlebnisse von früher nachgekostet! Also Petrus: Was habe ich alles mit ihm erlebt! Das und das und das und das. Johannes: An seiner Seite, da habe ich liegen dürfen beim Mahl! An seiner Seite! Wie hat er mich behandelt! Und das ist Gott gewesen!

Also zunächst wodurch? Durch Erfahrung hat er sie hingewiesen, der Heilige Geist. Worauf? Auf die Begegnungen mit Gott, die vorher geheim waren. Sie sind geheim Gott begegnet, ohne ihn zu erkennen. (...)

Welche Bedeutung soll der Heilige Geist in meinem Leben haben? Die Antwort ist sehr einfach: dieselbe!

Erstens, die Herrlichkeit der göttlichen, der gottmenschlichen Person des Heilandes entschleiern. Notwendig (ist das). Wir glauben. Ja und was ist das für ein schwindsüchtiger Glaube! Wenn wir an unsere Kinder denken: Ja wie schwer ist es heute, zu glauben, lebendig zu glauben an die Gottheit, an die Gottheit des Gottmenschen! So was Allgemeines, so Drumherumduseliges, das können wir; aber glauben, unerschütterlich fest glauben!? Ich darf das nicht ausführen, weil wir das ja aus Erfahrung wissen, wie ungeheuer schwer es ist heute, einen lebendigen, übernatürlichen Glauben zu haben. Was will der Heilige Geist? Die Herrlichkeiten entfalten, die Herrlichkeiten des Gottmenschen entschleiern. (...)

Zweitens – das ist auch von großer Bedeutung –, er muß uns helfen. Erstens (er muß uns helfen), daß wir die geheimen Gottesbegegnungen in unserem Leben nachkosten. Was das heißt? Nicht wahr, andächtige Zuhörer, wir wissen das auch aus Erfahrung: wenn wir zurückschauen auf die Vergangenheit, müssen wir gestehen: Was haben wir nicht alles durchgemacht in unserem Leben, und während wir es durchkosteten, schwer darunter gelitten! Später erst ist uns auf einmal inne geworden: Das war ja der liebe Gott, der in mein Leben eingegriffen hat! (...)

Und wir sollen lernen, andächtige Zuhörer – nachdem wir das nachgekostet –, vorwärts schauend in unserem Alltagsleben unmittelbar, wenn Kreuz und Leid oder sonst etwas über uns hereinbricht, sofort der Gottesbegegnung innezuwerden, so wie Paulus das gesagt: "Iustus autem meus ex fide vivit" (Hebr 10,38: Mein Gerechter aber wird durch den Glauben leben). Ich soll halt immer aus dem Geist des Glaubens sofort hinter allem den lieben Gott erblicken und dem lieben Gott mich neu hingeben, Antlitz zu Antlitz. Oder wenn wir an die Gottesmutter denken: Ecce ancilla Domini, fiat (Ich bin die Magd des Herrn (mir) geschehe). (Sie hat) in allen Situationen ein Fiat gesagt zu dem, was der Vater will.

Wenn wir so den Heiligen Geist in unser Leben hineingreifen lassen, wenn so der Heilige Geist in uns wirkt, andächtige Zuhörer, wahrhaftig, dann ist das wahr, was wir so häufig beten: Sende aus deinen Geist, und alles wird neu geschaffen (Ps 104,30)! Der Heiland soll uns seinen Geist senden, den *Heiligen* Geist, dann werden wir innerlich umgeformt, dann werden wir umgeformt nach seinem Bild, andere Christus-, andere Mariengestalten. Ja, alles wird erneuert. Dann wird auch unsere Familie, das Antlitz unserer Familie und das Antlitz der ganzen Welt erneuert. Amen.

J. Kentenich, aus:
Predigt für die deutsche Gemeinde St. Michael in Milwaukee, USA, 19.4.1964

Christusinnigkeit und Vaterergriffenheit

Was "Himmelwärts" (HW) durch den Heiligen Geist erwartet, verlangt und uns verspricht, ist leicht nachzuprüfen. Augenblicklich haben wir in unserer Regio den starken Drang, von Christus ergriffen zu sein und eine ausnehmend heroische Vaterinnigkeit unser eigen zu nennen.

"Im Heiligen Geiste knien wir nieder
und singen Christus Jubellieder,
der uns mit ihr als Werkzeug sendet,
daß sich der Völker Schicksal wendet"(HW 13,3).

Im Heiligen Geiste kreisen wir um Christus. Ohne den Heiligen Geist können wir das nur in etwa tun. Aber mit einer gewissen inneren Ergriffenheit ist das nicht möglich, ohne daß wir ständig im Heiligen Geiste leben. Darum die Mahnung des Apostels: "Löschet doch um des Himmels willen den Geist nicht aus!" (vgl. 1 Thess 5,19). Welcher Geist ist hier gemeint? Der Heilige Geist ... Im allgemeinen ist der Heilige Geist, die dritte Person in der Gottheit, eine unbekannte Gottheit. Wir kennen ihn zu wenig, kreisen zu wenig um ihn, aber weil er eben der Heilige Geist ist, ist er nichtsdestoweniger ständig wirksam.

Was wir erwarten? Selbstverständlich eine tiefe, zarte, innere Christusinnigkeit. Wer soll uns diese vermitteln?

Was wir erwarten? Vaterergriffenheit! Wir wollen ja auf der ganzen Linie ein einziges großes Kinderreich und Vaterreich darstellen. Ein Kinderreich, das will also heißen, wir wollen echte Kinder sein. Aber nicht etwa nur Kinder, die einen naturhaften Trieb zur Kindlichkeit befriedigen. Nein, nein, wenn wir vom Kinderreich sprechen, meinen wir eine Kindlichkeit, die tief hineinverwurzelt ist in das

Kindessein und den Kindessinn des Heilandes. Alles, was wir von Christusinnigkeit verlangen und erwarten, ist eine Vertiefung unserer Sehnsucht nach einem Kinderreich, nach echter, tiefer Kindlichkeit.

Wir haben uns das diesbezügliche Wort schon öfter deuten und erklären lassen: "Der Heilige Geist ist es, der mit unaussprechlichen Seufzern in uns spricht" (vgl. Röm 8,26). Wir müssen uns das so vorstellen: Der Erzieher, die Erzieherin, Vater oder Mutter müssen, wenn sie das Kind einführen wollen in ein gesundes, familienhaftes Leben, wenn sie überhaupt im Kinde Akte und Affekte wecken wollen, (sich ihm mitteilen). Dann sagt etwa die Mutter dem Kinde: "Jetzt sag einmal Papa, sag einmal Vater." Dieses Bild will Paulus angewandt wissen auf den Heiligen Geist. Der Heilige Geist ist Erzieher. Er ist der echte Erzieher der Kinder Gottes. Er ist es, der den Kindern immer vorsagt, was sie sagen sollen. Wenn wir also das Wort Vater in heilswirksamer Art ausdrücken wollen, brauchen wir den Heiligen Geist. Wenn der Heilige Geist nicht in uns spricht, können wir das Wort Vater gebrauchen so oft und so viel wir wollen, es ist dann kein gesättigter Vaterbegriff.

Und wie macht es der Heilige Geist? Er sagt nicht nur gewohnheitsmäßig dem Kinde, also mir, etwas vor, sondern er spricht "mit unaussprechlichen Seufzern". Was will das heißen? Weil er selber ergriffen ist vom Vatergott, geschieht alles, was er von ihm zu sagen weiß, mit einer außerordentlich großen, inneren Ergriffenheit. Dasselbe gilt natürlich auch, wo es sich um Christusinnigkeit handelt. Wir brauchen nur einmal hören, was der Heiland alles sagt und verspricht, wie er, der Heilige Geist, die Seinen einführen werde in das Verständnis Christi. Ein Beispiel dafür ist Paulus, der nicht müde wird, um Christus zu kreisen, aber immer um Christus, insofern er das innerlich hingerissene Kind des Vaters ist, das absolut gar nichts anderes weiß und will, als sich selbst zu vernichten. Weshalb? Damit der Vater überall regiert, damit der Vater überall anerkannt wird.

"Laß uns als Feuerbrände glühen
und freudig zu den Völkern ziehen,
als der Erlösung Zeugen streiten ..." (HW 15,1).

Ja, zu den Völkern sollen wir gehen. Und weshalb? Wir sollen Zeugnis abgeben von der Erlösung. Was ist das aber für ein Zeugnis? Es ist das Zeugnis unseres Seins, das, was wir gegenwärtig so heiß ersehnen: Kreisen um den Vater in Christus Jesus und dem Heiligen Geiste. Christusinnigkeit als der große Weg, um vom Heiland und in ihm durch den Heiligen Geist vom Vatergott ergriffen zu werden.

Sehen Sie, das sind die großen Ereignisse des Pfingstfestes und die großen Erwartungen, die wir mitbringen. Wenn wir liturgische Feiertage als Erinnerungs- und Erneuerungstage nachleben dürfen und wir diese Erneuerung heute vom Heiligen Geiste erwarten, dann dürfen wir wohl annehmen, daß das, was uns jetzt hergetrieben hat und uns alle so sehr eint, die Verwirklichung der großen Idee des Vater- und Kinderreiches, als Gnade zuteil wird. Es hängt alles davon ab, daß eine höhere Macht in das Räderwerk unserer Seele hineingreift. Wir mögen persönlich noch so viel Strebsamkeit aufbringen, wenn nicht eine höhere Macht, die Macht der Liebe des Heiligen Geistes, uns ergreift und wandelt, dann werden wir so arm wieder nach Hause gehen, wie wir hergekommen sind.

So bitten wir denn die Gottesmutter, sie soll uns helfen, daß alle Versprechen des Heiligen Geistes in Erfüllung gehen. Sie soll uns helfen, die wir ja so stark daran interessiert sind, daß wir gewandelt werden in unserem Heiligtume und die Wandlungsgnade durch Hingabe an den Heiligen Geist mehr und mehr unser eigen nennen.

J. Kentenich, aus:
Ansprache für Frauen von Schönstatt, Pfingstsonntag, 29.5.1966, im Mitgründerheiligtum, Liebfrauenhöhe

Der beste Erzieher

Wir mögen viele unser eigen nennen. Wir denken an unsere Eltern, wir denken an Lehrer, ich weiß nicht, an wen. Wir überlegen einmal, wer uns denn im Laufe unseres Lebens begegnet und Einfluß auf unsere Erziehung ausgeübt hat. Und demgegenüber sagen wir nun: Der Heilige Geist ist der größte, ist der beste Erzieher der Kinder Gottes.

Nicht wahr, das ist ja doch wohl so, wir als Eltern, wir haben alle den naturhaften Drang, unseren Kindern eine möglichst gute Erziehung angedeihen zu lassen. Und wenn wir die Wahl hätten und hätten Geld genug, Gelegenheit genug, dann wäre es selbstverständlich, daß wir für unsere Kinder, im Maße wir sie lieben, im Maße wir die Sorge für ihre Zukunft haben, auch die besten, die größten Erzieher auswählen würden. (...) Und nun sagt uns der Heiland: Der *beste Erzieher,* den er sich für uns denken kann, das ist der Heilige Geist; der beste Erzieher.

Erzieher soll er sein. Wir haben es eben ja gehört: Der Heilige Geist, der soll euch, Kinder Gottes, in alle Wahrheit einführen (vgl. Joh 16,13); einführen nicht nur den Verstand, auch einführen das Herz, den Willen – in alle Wahrheit! Alles, was ich euch gesagt, das soll er euch einprägen, der große Erzieher der Kinder Gottes. Gibt es einen größeren? Müssen nicht auch wir dankbar sein, daß wir leben dürfen in einer Zeit, in der der Heilige Geist als Erzieher wirksam sein kann und wirksam sein muß? (...)

In alle Wahrheit soll der Heilige Geist uns einführen – offenbar die Proklamation seiner großen Erziehertätigkeit für die Kinder Gottes des Neuen Testamentes.(...) Ja, er wird die Welt überzeugen, daß der Heiland der eingeborene Gottessohn ist; der Gottessohn, an den wir gebunden sein müssen, vor dem wir uns gläubig zu beugen haben. Das ist seine Aufgabe. (...)

Und dieser Heilige Geist ist als Erzieher in der Taufe in unser Herz hineingelassen worden. Also nicht etwa nur wie die Israeliten geführt wurden durch eine Feuersäule: während des Tages war sie dunkel, während der Nacht lichtvoll (vgl. Ex 13,21f). Das war eine Führung von außen. Nein, der Heilige Geist, der wohnt in unserem Herzen (vgl. Röm 8,9), und in unserem Herzen will er seine große Erziehertätigkeit, unsere innere seelische Umwandlung, vollziehen.

Nicht wahr, andächtige Zuhörer, daraus folgt wohl, wie stark wir überlegen sollten, ob wir dem Heiligen Geist denn auch die Möglichkeit lassen, seine Erziehertätigkeit in uns fortzusetzen und zu vollenden. Wir beten das zwar häufig: Komm, Heiliger Geist, erfülle die Herzen deiner Gläubigen, und entzünde in ihnen das Feuer deiner Liebe! Ob wir es aber auch tun in der rechten Gesinnung? Ob wir auch wirklich Sehnsuchtsaffekte erwecken, daß der Heilige Geist unsere Erziehung in die Hand nimmt, Erziehung der Kinder Gottes für die Heimkehr zum Vater? Sehnsucht nach dem Heiligen Geist und nach seinen Gaben sollten wir wieder mehr wecken.

Zweitens sollten wir uns aber auch mehr bemühen, einsam, für uns alleine zu sein und hören, was der Heilige Geist uns nun sagt. Es ist ja so viel Weltgeist, es sind ja so viele Stimmen, ja ein förmliches Stimmengewirr, was sich immer wieder in unserem Inneren bemerkbar macht – wir können den Heiligen Geist nicht hören! Wenn wir ihn nicht hören, wissen wir ja auch nicht, was er im einzelnen von uns fordert und verlangt.

Alles in allem also: Wollen wir im Sinne des Evangeliums uns vorbereiten auf Pfingsten, dann müssen wir wieder besser hören lernen auf das, was der Heilige Geist in unserem Inneren spricht. Aber nicht nur hören, sondern auch folgen lernen!

Der Heilige Geist ist also der größte und der beste Erzieher. (...)

Ich habe zweitens sagen dürfen: Er ist aber auch der *fruchtbarste Erzieher,* der Erzieher, der die größten Erfolge zeitigt.

An sich brauchten wir uns davon ja auch nicht einmal sonderlich zu überzeugen, wenigstens nicht dadurch, daß wir länger dabei stehenbleiben. Es ist ja schon selbstverständlich: Bei Gott ist kein Ding unmöglich (Lk 1, 37), Gott ist der Allmächtige. Gott kennt unser menschliches Herz, kennt das Ziel, wofür er es erschaffen hat. Wenn also jemand erziehlichen Einfluß auf uns auszuüben versteht, ist das wiederum der Heilige Geist im Zusammenhang mit dem Vater und dem Sohn.

Um aber diese Wahrheit doch verständlicher darzustellen, meine ich, sollten wir uns wenigstens einen kurzen Anschauungsunterricht erteilen lassen. Wir möchten an sich das Meisterstück der Erziehung des Heiligen Geistes – oder, wenn wir wollen, der Allerheiligsten Dreifaltigkeit – auf uns wirken lassen. Und das Meisterstück, das kennen wir. Es steht ja jetzt während des Monats Mai so ganz im Mittelpunkt unseres Interesses, vor allem am heutigen Tag, wo wir ja Muttertag feiern: Muttertag zu Ehren der leiblichen Mutter, Muttertag aber vor allem zu Ehren der lieben Gottesmutter, unserer himmlischen Mutter.

Meisterstück der Erziehertätigkeit des Heiligen Geistes! Wir hören es ja: Der Heilige Geist wird über dich kommen und dich überschatten. Deswegen wird auch das, was aus dir geboren wird, Sohn Gottes genannt (vgl. Lk 1,35). Da haben wir sie alle drei: Vater, Sohn und Heiliger Geist. Ganz steht sie unter dem Einfluß der Allerheiligsten Dreifaltigkeit.

J. Kentenich, aus:
Predigt für die deutsche Gemeinde St. Michael in Milwaukee, USA, 12.5.1963

Grundlegung des Christseins

Mutter,
hilf mir, ein vollkommenes Kind zu werden (...)
Erbitte Du mir den Heiligen Geist,
daß er unaufhörlich in mir seufze und bete:
Abba, lieber Vater!
Veni Sancte Spiritus!
Wenn ich mich dir, o Heiliger Geist,
ganz rückhaltlos, ganz willenlos schenke,
dann wirst du ganz gewiß dein Werk an mir vollenden, den Gedanken Gottes über mich
Wirklichkeit werden lassen.
Heiliger Geist, dich bitte ich inständig,
laß mich ganz unter deinem Einfluß stehen,
laß mich aus dir leben
und ein vollkommenes Kind werden!
Mutter, bitte den Heiligen Geist für mich!

Schwester M. Emilie Engel, 1893-1955,
Säkularinstitut der Schönstätter Marienschwestern

Heilig-Geist-Darstellung,
Dreifaltigkeitskirche, Berg Schönstatt

Die Gnade der Kindschaft

Wen wir (...) eine genauere Umschreibung des Inhalts der Kindlichkeit suchen, tun wir klug daran – schon damit wir immer Felsenfundament unter den Füßen behalten –, uns an das gehörte Kernwort des Heilandes anzuschließen: "Wenn ihr nicht werdet wie die Kinder, werdet ihr nicht in das Himmelreich eingehen" (vgl. Mt 18,3). (...)

Der Heiland will ein Doppeltes sagen: Wenn ihr nicht ein neues göttliches, gottähnliches Kindessein und einen neuen adeligen, gottähnlichen Kindessinn besitzt, könnt ihr nicht in das Himmelreich eingehen – entweder gar nicht oder nicht in der entsprechenden Weise.
Wenn ich die Parallelstellen heranziehe, muß ich sagen: Es ist selbstverständlich, daß der Heiland

ein neues, gottähnliches Kindessein

von uns verlangt. (...) Ich erinnere an die *Nikodemusstunde* (vgl. Joh 3, 1-13). Diese bringen Sie in Verbindung mit dem, was der Heiland hier gesagt hat vom Kindwerden. Was verlangt der Heiland von uns?
Sie kennen die Situation. Nikodemus ist heilsbegierig. Er beschäftigt sich, wie andere religiös suchende Menschen seiner Zeit, mit der Frage: Was muß ich tun, um in den Himmel zu kommen? Er hat gemerkt, der Heiland ist Meister in religiösen Dingen, ein Prophet, vielleicht mehr noch. Er geniert sich, während des Tages den Meister anzusprechen. Am Abend findet er ihn. Was müssen wir tun, um in den Himmel zu kommen? das ist seine Frage. Hören Sie die unerhörte Antwort des Heilandes! Der Heiland sagt gar nicht, man muß etwas *tun* – wenigstens in dem Sinne spricht er nicht vom Tun –, der Heiland sagt, man muß etwas *werden:* Wer nicht wiedergeboren wird aus

dem Wasser und dem Heiligen Geiste, kann nicht in den Himmel kommen (vgl. Joh 3, 5). Ich muß ein neues Sein bekommen. Und die Exegeten wissen auseinanderzusetzen, was hier gemeint ist: es ist die Gotteskindschaft. Wir müssen ein neues, göttliches Leben empfangen, wir müssen Kinder Gottes per eminentiam werden. (...) Es gibt

drei Arten von Kindschaft und Vaterschaft.

Es kann jemand mein Vater sein *im engsten Sinne des Wortes* durch Zeugung. Das trifft hier nicht zu.

Es kann jemand mein Vater sein *im weitesten Sinne des Wortes:* es ist jemand so gut wie ein Vater gegen mich. Das trifft hier zu, trifft aber nicht den Kern; so ist Gott auch Vater von Hund und Katze.

Es ist eine dritte Deutung möglich: es kann jemand mein Vater sein, und ich bin *sein Adoptivkind.* Was heißt das? Dann nehme ich teil an der Erbschaft des Vaters, ich bekomme den Namen. Trifft das den Lebensvorgang, der hier gemeint ist? Ja und nein! Ja, weil es wahr ist: wir nehmen teil an der Erbschaft des Eingeborenen, wir bekommen den Namen des Eingeborenen. Aber *Kindschaft (Gott gegenüber) bedeutet ungleich mehr als bloß Adoptivkindschaft im gewöhnlichen Sinne des Wortes.* Der Adoptivvater kann seinem Adoptivkind nichts von seinem Leben mitgeben. Das ist das Originelle: der Himmelsvater gibt mir teil an seinem Leben. Freilich eine geheimnisvolle Teilnahme: was der Eingeborene besitzt kraft der Zeugung, erhalten wir durch geheimnisvolle innewohnende Mitteilung. Der dreifaltige Gott ist in mir und teilt mir ständig etwas von seinem Leben mit. Das ist die Welt, die wir wieder und wieder durchdringen müssen.

Wenn wir die großen Geheimnisse ein klein wenig sehen, dann verstehen wir den heiligen *Johannes*. Er hat die Kindschaft zu seinem Lieblingsgedanken gemacht. Er steht vor seiner Gemeinde wie etwa ein Schulmeister vor seiner Klasse. Er macht aufmerksam: Kinder, gebt acht, es kommt etwas Wichtiges, ihr müßt es euch einprägen! Er klopft auf den Tisch und sagt: Nun seht doch einmal, welch eine Liebe der Vater uns erwiesen hat, daß wir Kinder Gottes nicht nur genannt werden, sondern wirklich sind! (vgl. 1 Joh 3,1). Wir sind wirklich Kinder Gottes! Diese große, geheimnisvolle Welt der Gotteskindschaft müßten wir uns nach allen Richtungen aufschließen. Darin müßten wir zu Hause sein, die wir ja aus der Kindlichkeit heraus leben und lieben.

So verstehen wir natürlich auch den heiligen *Paulus,* wenn er bald so, bald so uns zuruft: Wir haben nicht empfangen den Geist der Knechtschaft, sondern den Geist der Kindschaft, in dem wir sprechen: Abba, lieber Vater! Und der Geist Gottes ist es, der unserm Geiste Zeugnis ablegt, daß wir Kinder Gottes sind (vgl. Röm 8,15 f.; Gal 4,6).

Ähnliche Stellen müssen wir auf uns wirken lassen, um ganz tief zu verstehen, was es heißt: Wenn wir nicht ein neues, gottähnliches Kindsein in uns aufnehmen, wenn wir also nicht Kinder Gottes entitativ/ontologisch werden, dann können wir selbstverständlich nicht in den Himmel eingehen. *In diesem Sinne ist Kindessein unersetzlich.* Die Sakramente können ersetzt werden, das Kindessein nicht. Das Sakrament der Taufe kann durch die Begierdetaufe ersetzt werden, das Kindwerden aber kann nicht ersetzt werden. Wer nicht Kindessein sein eigen nennt, kann einfach nicht in den Himmel eingehen.

Nun können Sie spekulieren, was das für einen Adel bedeutet! Noblesse oblige! Was muß *ein ganz gottähnliches*

Lebensgefühl meine Seele durchdringen dank dieser neuen Geburt, dieser Geburt aus Gott, wie Johannes es sagt (vgl. 1 Joh 3,9; 5,18)! Ich kann mir vielleicht sagen: Meine Familiengeschichte, das Leben der Eltern und Großeltern – wie viele schwarze Punkte mag es verzeichnen; darauf kann ich nicht stolz sein. Aber ich habe eine andere Geburt, eine Neugeburt aus Gott! Sehen Sie, das ist eigentlich das göttliche, gottähnliche Lebensgefühl, das ich in mir pflegen müßte, wenn ich wirklich innerlich tief durchdrungen wäre vom neuen Sein. Die heutige Welt braucht das. Wir dürfen die heutige Welt nicht zu müde machen bloß durch ethische Forderungen. Wir müssen heute viel tiefer das Ontische, das Seinsgemäße betonen, auch bei uns. Was ist das ein Adel, wenn ich tief davon erfaßt bin: ich bin nicht nur der und der, sondern ich bin aus Gott geboren; Ich bin ein Kind Gottes im vollsten, echtesten Sinne des Wortes, wie die Heilige Schrift und die Dogmatik es lehren!

J. Kentenich, aus:
Exerzitien für die Patres der Missionsgesellschaft Bethlehem in Immensee (Schweiz), 1937

"Abba"

Hören Sie bitte einmal, wie wunderschön das Bild, das uns hier vor Augen geführt (wird), wiedergibt, was eigentlich die echte, rechte Situation echter Kindlichkeit darstellt. Wir stellen uns vor, eine Mutter, die zieht und erzieht ihr Kind und will dem Kinde helfen, eine tiefe Liebe zum Vater zu bekommen. Wie schnell weiß das Kind zu lallen "Mama"! (Das) ist wohl sicher eines der ersten Worte, die es lallend formen kann. Aber dann ist das große Interesse der leiblichen Mutter, dem Kinde auch ins Herz hineinzusenken eine tiefe Liebe zum Vater. Ohne Mutter würde vermutlich der Vater niemals eine echte, kindliche Liebe des aus seinem Blute gewordenen Kindes erwarten dürfen. Und was tut die Mutter? Wir wissen das ja alle aus Erfahrung, zumal diejenigen, die selber Mutter oder Vater sein dürfen, auch diejenigen, die als ältere oder auch jüngere Geschwisterchen die Kinder schon einmal hüten durften. Die Mutter sagt dem Kinde das ungezählt viele Male vor, (es) soll "Papa" sagen oder "Vater" sagen.

Das ist das Bild, das der Apostel Paulus hier (vgl. Röm 8,15f; Gal 4,9) vor Augen hat: Ipse Spiritus Sanctus est, er, der Heilige Geist ist es, der mit unaussprechlichen Seufzern – ja, das ist etwas Eigenartiges –, mit unaussprechlichen Seufzern uns immer gleichsam vorsagt, vorplappert, also nicht kühl, nicht so einfach rein sachlich: "Kind, sag das einmal!" Nein, (der) mit unaussprechlichen Seufzern uns immer das Wort "Vater" vorsagt. Der Heilige Geist ist es also, der uns diesen Geist der Kindlichkeit in einer eigenartigen, einzigartigen Weise zur Verfügung stellt, sicherstellt.

Hat der Heiland nicht selber gesagt: "Er, der Heilige Geist, wird euch in alles einführen, was ich euch gesagt (habe), was ihr aber bisher noch nicht habt verstehen können" (vgl. Joh 14,26). Hier hören wir, wenn der Heiland das Loblied auf Kindlichkeit gesungen hat – und wir haben es eben uns ja zitieren lassen –, die große Grundwahrheit des Reiches Gottes, des Katholizismus: Wir müssen alle Kinder vor Gott werden, Kinder vor Gott, damit wir Meister, kraftvolle Gestalten werden, als meisterhafte Gestalten nun auch verstehen, das praktische Leben zu meistern. Ohne Kindlichkeit geht das nicht! Der Heilige Geist lehrt uns nun, was der Heiland hier gesagt, was er gemeint hat. Ipse Spiritus Sanctus, der Heilige Geist ist es – hören wir besonders –, der mit großer Innigkeit uns das vorsagt. Und mit welch einer Innigkeit sagt ein Kind, wenn es ein Grundverhältnis zu Vater und Mutter hat, das Wort "Papa", "Mama"!

J. Kentenich, aus:
Ansprache für die Schönstattfamilie der Erzdiözese München-Freising im Heiligtum von Klein-Schönstatt, München, 5.9.1966

Die Heiligung des Christen

Dominus tecum, der Heilige Geist soll mit uns sein, nicht nur *mit* uns – gerade so wenig, wie er bei der Gottesmutter nur mit Maria war; er war auch *in* ihr! Die Person des Heiligen Geistes wird uns versprochen, die bei uns sein und bleiben soll. "Denn er wird bei euch und in euch bleiben ..." (vgl. Joh 14,17). Der Heilige Geist verbindet sich mit der tiefsten Wurzel meines persönlichen Seins, wohnt in mir. Wir wollen bitten, daß wir jetzt schon diese Verheißung ganz und gar verstehen.

Die moderne Aszese nennt das Innewohnen des Heiligen Geistes das "süße Geheimnis des Christen". *Der Heilige Geist ist in uns und bleibt in uns.* Es ist nicht nur ein flüchtiges Bei-uns-Sein und -Bleiben wie beim Gottmenschen bei der heiligen Kommunion – das ist mehr ein materiell greifbares In-uns-Sein. Der Heilige Geist aber ist und bleibt in uns, bis wir ihn absichtlich vertreiben. Dominus tecum, er bleibt in uns, bis wir das Band trennen, zerreißen, von ihm scheiden.

"Wer mich liebt, der wird mein Wort bewahren; ihn wird mein Vater lieben; zu diesem kommen wir und nehmen bei ihm Wohnung" (Joh 14,23). Alle diese Formulierungen sind direkt vom Heiland. Der Heilige Geist ist nicht nur bei uns, er ist in uns wie in seiner Wohnung. Der Heiland kennt die tiefe Wurzel des Menschenherzens, das Heimgefühl. Im Himmel soll es befriedigt werden, aber auch auf Erden. (Deshalb) uns zurückziehen in die innerste Wohnung, da, wo er ist. Wodurch nimmt er Besitz (von uns)? Durch die Heiligung. Deswegen das flutende göttliche Leben. Bei Maria war das in Fülle vorhanden.

Hier handelt es sich um den *Kerngedanken,* um das *größte Geheimnis des Christentums.* Alle Geheimnisse münden in dieses. Alle haben ihren Ausgangs- und Mittelpunkt, ihr Ziel in diesem Geheimnis. Darum bemühten sich die Heiligen, uns dieses Geheimnis durch Vergleiche klar zu machen. Die Seele ist das Wasser, der Heilige Geist die Quelle, die nicht außerhalb, sondern tief innerlich in der Seele sprudelt. (...) Oder: Wenn die Seele durch das göttliche Leben ein Abbild der Allerheiligsten Dreifaltigkeit ist, dann ist der Heilige Geist das Siegel, durch das dieses Abbild geschaffen wurde. Mit dem Wesensgrund unseres Seins ist der Heilige Geist verknüpft, verbunden.

Durch unser Weilen in der Welt werden wir immer zu natürlichem Denken hingerissen, so daß uns, wenn wir uns in die übernatürliche Welt hineinvertiefen, das Wort des heiligen Paulus neu erscheint: "Wißt ihr denn nicht, daß ihr Tempel des Heiligen Geistes seid...?" (1 Kor 6,19). Die Seele ist die Wohnung des Heiligen Geistes. Was wird uns versprochen? Die Person des Heiligen Geistes. Die Gottesmutter hat ihn in einem Ausmaß in sich gehabt, wie es sonst nirgends der Fall ist, und in einer Zeit, als niemand das kannte und wußte.

Der Heiland spricht weiter: "... wir werden zu ihm kommen." Der Heilige Geist berührt als Heiligmacher unmittelbar den Wesensgrund unseres Seins durch das göttliche Leben. Mit ihm kommt die ganze Allerheiligste Dreifaltigkeit. Alles, was die Allerheiligste Dreifaltigkeit nach außen tut, wird allen drei Personen zugeschrieben. Die Heilung des Menschen ist die Mitteilung des göttlichen Lebens. Sie vollzieht sich außerhalb des Randes des göttlichen Wesens durch den Vater, den Sohn als Wort, als verbum divinum (nicht als Gottmensch), und durch den Heiligen Geist. Weil aber die Besitzergreifung der Seele durch Gott ein Ausfluß der Liebe ist und alles, was Ausfluß der

Liebe ist, vom Heiligen Geist hergeleitet wird, wird unsere Heiligung im besonderen ihm zugeeignet.

J. Kentenich, aus:
Tagung für den Schönstatt-Frauenbund und für Schönstätter Marienschwestern, 8.-12.6.1927

Der Leib – Tempel des Heiligen Geistes

Der Heiland sagt: Ich gehe fort, der Trost aber soll bei euch bleiben. Es ist der Geist der Wahrheit, der in Ewigkeit bei euch bleiben wird. Die Welt kann ihn nicht empfangen, denn sie sieht ihn nicht und kennt ihn nicht. Ihr aber werdet ihn erkennen, denn er wird bei euch bleiben – und nun geht der Heiland noch ein Stückchen weiter – und in euch sein (vgl. Joh 14,17).

Also nicht bloß bei uns, sondern in uns will der Heilige Geist sein. (...) *Der Heilige Geist* wird selber zu uns kommen, ja, er *wird Wohnung in uns nehmen*. Er wird in uns sein, nicht etwa wie die Luft uns umgibt; nicht etwa wie Gott durch seine Allgegenwart überall um uns herum und auch in uns ist. Nein, der Heilige Geist will als Heiliger Geist, als heiligmachender Geist in unserer Seele sein. Ja, noch mehr, er will auch in uns bleiben und seine Wohnung in uns aufschlagen.

Und wodurch kommt der Heilige Geist in unsere Seele, und wie schlägt er seine Wohnung in uns auf? Das sind ja ganz bekannte Wahrheiten. Dadurch, daß er uns heiligt, daß er uns sein göttliches Leben gibt und erhält. (...)

Der Heilige Geist wird in uns sein. *Er wird das göttliche Leben in uns erzeugen* und jeden Moment aufs neue erzeugen. Wie Gott durch seine Gegenwart und Allmacht das Dasein erhält, so erhält der Heilige Geist als Heiliger Geist dieses wirkliche göttliche Leben in mir stets und ständig. Sie erinnern sich an das Beispiel von dem rohen Eisen, das so lange in glühendes Feuer getaucht wird, bis es die Natur des Feuers angenommen hat. So nimmt das Eisen teil an der Natur des Feuers. Ein Geheimnis!

Wenn man die Gnade einen Glanz der Seele nennt, dann ist der Heilige Geist das Licht in uns, das diesen Glanz erzeugt. Wenn man die heiligmachende Gnade, das göttliche Leben in uns, ein Abbild des göttlichen Lebens nennt, dann ist der Heilige Geist das Siegel, das unserer Seele aufgedrückt ist, das unserer Seele dieses göttliche Abbild aufdrückt. Ist das göttliche Leben ein Abglanz der göttlichen Wahrheiten, dann ist der Heilige Geist diese Wahrheitsquelle, aus der das alles fließt, was in unserer Seele ist.

Sie können sich diese Gedanken gar nicht real, gar nicht wirklich genug vorstellen. So wie wir beieinander sind und einander greifen können, so ist der Heilige Geist in uns. Ja, er wohnt in uns. (...) Wir suchen nach Bildern, um dieses Geheimnis der Einwohnung des Heiligen Geistes zu erfassen. Dann müssen Sie das Bild anwenden, das der heilige Paulus so gern wiederholt: "Wißt ihr nicht, daß euer Leib ein Tempel des Heiligen Geistes ist, der in euch wohnt?" (1 Kor 6, 19). – Deswegen ist Gottes Wille: eure Heiligung (vgl. 1 Thess 4, 3). (...)

Bitte für uns, o heilige Gottesgebärerin, daß wir doch würdig werden der Verheißungen Christi! Welcher Verheißungen? Dieser Verheißungen, daß der Heilige Geist in uns wohnt, daß wir ganz durchdrungen und überzeugt werden: Ich bin ein Tempel des Heiligen Geistes. Damit ist die Welt für mich ganz anders beleuchtet als für die anderen Menschen. Damit sind die Beziehungen der Menschen zueinander, auch der Geschlechter zueinander ganz anders beleuchtet. Wie wichtig ist das, daß ich das weiß. Dann verstehen wir auch die heilige Theresia, wenn sie sagt: Ja, wer von dieser Gnade und Güte, wer von der Herrlichkeit der Seele, die den Heiligen Geist in sich trägt, überzeugt ist, der wird nicht zu sehr den äußeren Werten, den rein sinnlichen, naturhaften Werten nachjagen. Das sind alles

Kleinigkeiten für uns, gemessen an der Größe des Geschenkes, das ich in mir trage. (...)

Der Heiland geht noch weiter. Er verheißt uns nicht nur, daß der Heilige Geist in uns Wohnung nehmen wird, sondern auch der Vater und er selber werden kommen und in uns wohnen (vgl. Joh 14, 23). Wir tragen ja so den Himmel mit uns und in uns. Was macht den Himmel aus? Die Gegenwart der Allerheiligsten Dreifaltigkeit! Das sind alles so übersinnliche Wahrheiten, die kann man experimentell nicht erfassen. Darum auch die Tatsache, daß verzweifelt wenig Menschen, auch verzweifelt wenig Katholiken das erkennen. (...) Wir müssen das göttliche Leben in sich fassen. Die Übungen machen es nicht (...). Das sind alles nur Mittel zum Zweck. Das Wichtigste ist der Heilige Geist und das göttliche Leben in uns. Und das verheißt uns der Heiland, das sollen wir bekommen.

J. Kentenich, aus:
Vortrag für Schönstätter Marienschwestern, 2.6.1927

Führer zur Heiligkeit

*O Gott,
wie ist das Leben reich
und groß und schön!
Gib mir die Kraft zum Opfer,
zum Maßhalten und zur Ordnung.
Schenk mir Reinheit und Klugheit.
Gieß deines Heiligen Geistes
siebenfachen Gnadenstrom über uns aus!
Gib Sendung, gib Rat, gib Stärke!
Gib Verstand und Wissenschaft,
Frömmigkeit und Furcht des Herrn! –
Und dazu schenk uns als Krone des siebenfachen Schatzes deine heilige Weisheit.*

Karl Leisner, 1915-1945, Schönstattpriester,
am 23.6.1996 als Märtyrer seliggesprochen

Heilig-Geist-Symbol mit den sieben roten Steinen,
Schönstatt, Urheiligtum

Das vielfältige Wirken des Heiligen Geistes

1. Er ist *der Urheber des übernatürlichen Standes* oder Zustandes. Er rüstet unsere Natur übernatürlich aus, er schenkt uns eine neue übernatürliche Seins- und Lebensschicht, das göttliche Leben, das, was wir Gotteskindschaft nennen. Er schenkt uns auch die eingegossenen übernatürlichen Fähigkeiten, die drei göttlichen Tugenden, Glaube, Hoffnung, Liebe; er schenkt uns auch die sogenannten sieben Gaben, die so oder so die eingegossenen Tugenden in ihrer Art vervollkommnen. Er ist der Urheber des übernatürlichen Standes,

2. aber auch gleichzeitig *der Urheber der übernatürlichen Werke*. Damit die Fähigkeiten in den Akt überführt werden – das wissen wir von der natürlichen Ordnung –, müssen sie geweckt werden durch ein Objekt. In der übernatürlichen Ordnung muß hinzukommen die aktuelle Gnade. Der Heilige Geist ist deswegen auch der Urheber der übernatürlichen, der gottgefälligen verdienstlichen Werke. Das halten wir alle für selbstverständlich, aber wir müssen in dieser jenseitigen Welt stärker leben, in einer Welt, die der heutige Mensch kaum mehr kennt, weil das Diesseits mit seiner Dynamik alle Kräfte des heutigen Menschen aufsaugt.

3. Der Heilige Geist ist *der Urheber der Heiligkeit*

a) auf dem Wege der eingegossenen göttlichen *Tugenden*. Will heißen, wo uns die göttlichen Tugenden eingepflanzt, eingegossen werden und wo sie wirksam sind, ist der Mensch in den Stand gesetzt, übernatürliche, verdienstliche Handlungen zu setzen durch Glaube, Hoffnung, Liebe; aber alles ist im Kern abhängig von der Vernunft. Da handeln wir also vernunftgemäß übernatürlich und verdienstlich, da sind wir also unmittelbar abhängig von der Vernunft, die allerdings vom Glaubenslicht mehr und mehr erleuchtet ist.

b) Wo aber die *Gaben* des Heiligen Geistes wirksam sind, da ist die Seele den Antrieben Gottes unmittelbar ausgesetzt. Und das ist das Große, das ist das Bedeutungsvollste, nicht als ob nicht auch die Vernunft tätig wäre, aber da sind es mehr die Antriebe Gottes, die unmittelbar die Seele ergreifen und nach oben reißen. Sehen Sie, das ist ein ganz anderes Licht, unter dessen Einfluß dann die Seele steht. (...) Wir sehen da andere Dinge viel, viel heller als all die anderen Menschen, die nicht unter dem Einfluß der Gaben des Heiligen Geistes stehen.

4. Der Heilige Geist ist durch dieses eigenartige eingegossene Licht auch die Ursache, *der Urheber für eine* ungemein klare, aber auch große *Zusammenschau von Wahrheiten,* um die man sich sonst mit großer Anstrengung mühen muß. Auf einmal geht ein Licht auf, und man sieht eine Welt, die man vorher kaum geahnt hat.

5. Gleichzeitig schenkt dieser Heilige Geist auch dem Herzen große, gewaltige Bewegungen. Da dreht sich alles elementar hin zur Wirklichkeit, und kraftvolle Entschlüsse werden wach. Das ist das, was wir *Magnanimitas* nennen, die Hochgemuthheit, die alle Halbheit über den Haufen wirft. Letzten Endes ist es der Heilige Geist, der durch seine Gaben der Seele sogar Geschmack gibt an Schwierigkeiten.

J. Kentenich, aus:
Delegiertentagung der Schönstattfamilie, 16.-20.10.1950

Vom Weg der Tugenden zum Weg der Gaben

Was verstehen wir unter den Gaben des Heiligen Geistes? Er wirkt ja durch seine Gaben in uns und führt uns durch seine Gaben auf dem Wege der Heiligkeit.

Unter den *Gaben des Heiligen Geistes* schlechthin verstehen wir
> *übernatürlich eingegossene Fertigkeiten, die die begnadete Seele fähig und geneigt machen, den Antrieben des Heiligen Geistes schnell, sicher, freudig und heroisch zu folgen.*

Ich meine, ich müßte jedes Wort ein wenig erklären.

Gaben – Tugenden

Sie merken: Gaben des Heiligen Geistes und eingegossene übernatürliche göttliche Tugenden stimmen in vielen Dingen überein, haben aber auch irgendwo eine Grenzlinie, wodurch sie sich voneinander unterscheiden. Worin stimmen Gaben und Tugenden überein? Beide sind übernatürliche eingegossene Fähigkeiten und Fertigkeiten. Was will das heißen? Der Mensch mag sich von innen heraus auch noch so glänzend entwickeln, er wird nie in ein Stadium kommen oder zu einer Epoche gelangen, wo er sich sagen kann, jetzt werden sich diese göttlichen eingegossenen Tugenden und Gaben immanent von selbst entwickeln. Die müssen von außen hineingelegt werden! (...)

Wo nun liegt der Unterschied zwischen den Gaben und Tugenden? – Vielleicht müssen wir zuerst einen Zwischengedanken durchdenken. Die Gottesgelehrten sagen uns so im großen und ganzen, daß beide – sowohl die eingegossenen Tugenden als auch die Gaben des Heiligen Geistes – uns geschenkt werden im Augenblick der Begnadigung, das heißt, wir erhalten mit der heiligmachenden Gnade auch gleichzeitig die ganze Ausstattung. Wir erhalten also mit der heiligmachenden Gnade etwa in der Taufe nicht nur die übernatürlichen Tugenden, sondern auch die übernatürlichen Gaben; nur fügen die Gottesgelehrten bei, daß die Gaben erst später sich entfalten (...), erst dann, wenn sich die Seele mit Hilfe der aktuellen Gnade längere Zeit ernstlich bemüht hat um die sittlichen und göttlichen Tugenden.

Hier beginnt nun der Unterschied etwas klarer zu werden zwischen einem *Leben der Tugend* und einem *Leben der Gaben*. Den darf ich vielleicht zuerst klären, um nachher auf die konkrete Frage zurückzukommen. Wenn in mir die Tugenden wirksam sind – ob das nun die göttlichen oder sittlichen Tugenden oder beide zusammen sind, ist gleichgültig –, dann steht *im Mittelpunkt* meines Ringens und Kämpfens *die eigene Tätigkeit*. Wir haben im Laufe des Kurses das schon häufiger geschieden: ego cum gratia (ich mit der Gnade) und gratia mecum (die Gnade mit mir). Ich darf vielleicht mehr als Psychologe und Pädagoge sprechen: Es gibt Epochen in jedem Leben, da müssen wir arbeiten, als wären wir Molinisten – ich sage nicht, daß wir Molinisten sein sollten! –, da müssen wir die eigene Tätigkeit stark in den Mittelpunkt stellen, freilich befruchtet von der aktuellen Gnade. Die aktuelle Gnade hilft uns dann, daß wir vernünftig urteilen und handeln. Wenn *die Gaben des Heiligen Geistes* wirksam werden, dann steht nicht die eigene Tätigkeit im Mittelpunkt, sondern *Gottes Tätigkeit*. Darum die Tatsache – ich spreche als Psychologe und Pädagoge –, daß alle strebsamen Christen in eine Epoche kommen, wo sie alle leben, als wären sie Thomisten. Wir wollen theoretisch beiseite lassen, welches System das richtige ist, wir sehen nur die Entwicklung des Menschen.

Zur Disposition für die Gaben

Und nun die Frage: Ist gegenwärtig in unserm Leben der Heilige Geist so stark wirksam, daß ich sagen kann, er steht im Mittelpunkt, Gottes Tätigkeit ist die Hauptsache, nicht meine Tätigkeit? Praktisch müßte es so sein, aber sehr häufig ist das nicht der Fall, weil wir uns nicht entsprechend bemüht haben um die sittlichen und göttlichen Tugenden mit Hilfe der aktuellen Gnade. Wir müssen also die Jugend führen, und wenn ich mit unsern Buben zu tun habe, darf ich nicht gleich entwickeln: Der Heilige Geist wird in die Seele blasen und sie mitreißen. Nein, da müssen hausbacken die sittlichen Tugenden geübt werden, hausbacken Glaube, Hoffnung und Liebe, die Kardinaltugenden! Der junge Mensch muß erzogen werden, sich anzustrengen!

Es sind hauptsächlich drei Gruppen von Handlungen, die wir setzen können, um uns in entsprechender Weise zu disponieren für die stärkere Tätigkeit des Heiligen Geistes durch die Gaben. Wir können uns und andere erziehen:

Erstens zu einer entsprechenden *Sammlung des Geistes*. Jetzt heißt es mit entsprechenden persönlichen Anstrengungen sich selbst – freilich mit Hilfe der Gnade – zu bemühen, gesammelt zu sein. Die Seelenkräfte müssen in Gott gesammelt sein. Es muß sich also um eine gottangefüllte Sammlung und Einsamkeit handeln, es darf keine krankhafte Ichsammlung sein – das wäre nicht die entsprechende Disposition für ein stärkeres Hineingreifen des Heiligen Geistes. Wir müssen also Menschen erziehen und Menschen werden, die in der Einsamkeit mit Gott sein können. Das kostet manchmal Anstrengungen, aber ohne entsprechende Anstrengungen kommen wir nicht ans Ziel.

Der zweite vorbereitende Akt ist die Erziehung zum entsprechenden *ständigen Wandel mit Gott*. "Ständig" ist relativ zu nehmen. Wollen Sie sich erinnern an all das, was wir vom Wandel mit Gott sagten. Wir haben hauptsächlich die eigene Tätigkeit betont. Zum ständigen Wandel mit Gott können wir nie gelangen, wenn der Heilige Geist nicht hilft. Wenn wir für die erste Epoche unseres Lebens sprechen, ist das durchaus relativ zu nehmen. Also müssen wir uns bemühen, unsererseits auch mit einer gewissen Anstrengung häufig Gott im Glauben anzuschauen, zweitens häufig mit dem lieben Gott zu sprechen und drittens häufig für den lieben Gott Opfer bringen. Wie sehen diese Opfer aus? Sie müssen liegen auf dem Gebiet der Tugenden, entweder der göttlichen oder sittlichen. Der junge Mensch muß zur Reinheit erzogen werden, zur Demut und so weiter. Wir müssen vernünftig sein, wir dürfen nicht meinen, der liebe Gott würde bei unserer Jugend das allein tun. Es heißt nüchtern erziehen. (...) – Angewandt auf mich: Auf welche sittlichen Tugenden müßte ich mehr Gewicht legen mit persönlichen Anstrengungen? Bescheidener sein? Die brüderliche Liebe mehr üben? Ich darf nicht warten, bis der Heilige Geist von selbst kommt. Ich muß erst die Disposition schaffen.

Endlich muß ich mich in meiner Seele auf die stärkere Tätigkeit des Heiligen Geistes vorbereiten durch diese *ganz tiefen Sehnsuchtsaffekte*. Wollen Sie nicht vergessen, wir müssen Männer der Sehnsucht werden auch nach dem Heiligen Geist! Sende aus deinen Geist, und alles wird neu geschaffen werden (Ps 104,30)!

Wir wollen nachprüfen, ob wir in unserer religiös-sittlichen Entwicklung soweit gelangt sind, daß wir sagen können, nach diesem dreifachen Gesichtspunkt haben wir eine gewisse Höhenlage, einen gewissen Dauerzustand erreicht. Normalerweise – das darf ich wiederholen – könnten wir alle in der Lage sein, daß der Heilige Geist schon lange in uns in hervorragender Weise tätig ist.

Gabe des Heiligen Geistes

Wie wirkt sich die Tätigkeit des Heiligen Geistes aus, wenn er durch seine Gaben in uns wirksam ist? Die Gottes- und Geistesgelehrten haben hier unserm mangelnden Verständnis ein wenig nachzuhelfen getrachtet durch Bilder. Sie sagen, wir sollten uns vorstellen, wir wollten über einen See fahren. Ich fahre zunächst in einem Kahn. Es soll Sturm sein. Wenn ich hinüberfahren will, muß ich tapfer rudern. Die Eigentätigkeit ist in den Mittelpunkt gestellt. Ich muß das tun. Das ist die Seele – so sagen die Gottes- und Geistesgelehrten – unter dem Einfluß der Tugenden, sowohl der göttlichen wie der sittlichen. Wann aber haben wir die Seele unter dem Einfluß des Heiligen Geistes und seiner Gaben? Dann müssen Sie die Situation von vorhin ein wenig verändern. Ich habe ein Segelboot, keinen gewöhnlichen Kahn mehr. *Das Segel* wird verglichen (mit) den *Gaben des Heiligen Geistes* als Fähigkeiten. Wenn der Heilige Geist entsprechend günstigen Wind in die Segel bläst, geht es schnell und sicher. Da haben wir also die Seele unter dem Einfluß des Heiligen Geistes und seiner Gaben.

Es werden auch andere Bilder dieser Art gewählt. Man sagt, man solle sich ein Kind vorstellen. Das Kind will gehen. Jetzt hilft die Mutter. Es gibt verschiedene Arten von Hilfen. Die Mutter kann sich vor das Kind stellen und aus dem Kind alle Gehfähigkeiten herauslocken. Man darf sich das Bild auch anders malen: die Mutter stellt sich hinter das Kind und läßt es gehen. Sie ist in der Nähe, wenn es am Fallen ist. Vielleicht unterstützt sie es auch ein wenig, aber im Mittelpunkt steht die eigene Tätigkeit des Kindes – da haben wir also die Seele unter dem Einfluß der Tugenden. Nehmen Sie nun aber das andere Bild: *die Mutter nimmt das Kind so stark unter den Armen,* daß die Mutter die Haupttätigkeit entfaltet – da haben wir die Seele unter dem Einfluß der Gaben des Heiligen Geistes. – Ich erinnere, daß alle Bilder hinken.

Oder nehmen Sie ein *Saiteninstrument.* Ich streiche die Saiten – dann haben Sie die Seele in der eigenen Tätigkeit. Wenn aber der Heilige Geist die Saiten schlägt, dann sind es die Gaben des Heiligen Geistes, die wirken. Im ersten Fall: ego cum gratia; im zweiten Fall: gratia Dei mecum. Deswegen durfte ich in der Definition sagen: Die Gaben des Heiligen Geistes sind übernatürliche eingegossene Fertigkeiten, die die begnadete Seele fähig und bereit machen, den Antrieben des Heiligen Geistes zu folgen. Die Seele folgt also primär den Antrieben des Heiligen Geistes, nicht der eigenen Vernunft.

Notwendigkeit der Gaben

Wenn die Seele so unter dem Einfluß des Heiligen Geistes steht, ist es dann nicht selbstverständlich, daß die Seele nun auch die größten Schwierigkeiten leicht nimmt, daß sie heroisch vorwärts schreitet auf dem Wege der Heiligkeit? Deswegen sagen die Gottes- und Geistesgelehrten: *Wahre, heroische Heiligkeit beginnt erst von dem Augenblick an, wo der Heilige Geist die Seele erfaßt und erfüllt hat.* Wir können nie zum Heroismus in der Liebe, in der Reinheit und so weiter kommen, wenn nicht der Heilige Geist durch seine Gaben in hervorragender Weise wirksam ist. Darum die betrübliche Tatsache: unsere Generation strebt so wenig erfolgreich nach Heiligkeit, weil sie so wenig die Beziehung findet zum Heiligen Geist. Gewiß, es muß nicht sein, daß das immer explicite geschieht. Aber Sie werden sehen, wenn die Seele Fortschritte macht, wenn sie unter dem Einfluß des Heiligen Geistes steht, bekommt sie Organ für das Wirken des Heiligen Geistes. Heroismus ist nur möglich, wo der Heilige Geist durch seine Gaben auch tief hineingreift in die Seele.

J. Kentenich, aus:
Exerzitien für die Patres der Missionsgesellschaft Bethlehem in Immensee (Schweiz), 1937

Heilung und Veredelung der Natur

Halten Sie fest: In dem Maße, als der Heilige Geist das Zepter in der Seele hält, *ist unsere Natur gesichert,* auch die Originalität der Natur. Es ist ein gewaltiger Irrtum zu meinen, daß unter dem Zepter der Gnade unsere Natur zerbrechen müßte. Zerbrochen muß nur das Kranke, das Fehlerhafte werden, nicht das Gesunde. Das wird noch gesünder unter dem Zepter des Heiligen Geistes. Der Gott, der unsere Natur geschaffen, weiß am besten, was uns nottut. Deswegen immer wieder: "Veni, Sancte Spiritus... – Komm, Heiliger Geist!" (...)

Erinnern Sie sich bitte einmal, was wir von der kranken Natur gesagt haben. Wenn Sie nicht überzeugt sind von der ganz starken, tiefen *Schwäche unserer Natur,* werden Sie natürlich die Tätigkeit Gottes im Heilswerk nie richtig einschätzen können. Gerade weil unsere Natur so schwach ist, genügt es nicht, daß der liebe Gott durch die eingegossenen Tugenden mit der Natur arbeitet. Er muß gleichsam sich selber vorfinden. Seine Tätigkeit im Heilsakt muß die überragende werden. Aus uns werden wir die Natur nicht heilen können. Sie erinnern sich vielleicht, wie ich das Wort nannte: gratia medicinalis. Die Gnade ist auch wirklich die *Medizin für die kranke Natur.* Im vorerbsündlichen Zustand kannte man keine gratia medicinalis.

Sie erinnern sich, wie wir uns in etwa die menschliche Natur als reine Natur vorstellen durften. Durch die *Erbsünde* gingen nicht nur die außergewöhnlichen Geschenke verloren, sondern die Natur bekam irgendwie einen Stich. Soll die Natur geheilt werden, dann muß Gottes Tätigkeit im Heilswerk eine ganz überragende werden. Wer nicht von der Wucht der Erbsünde überzeugt ist, wird natürlich kaum je mit der ganzen Glut des Herzens nach den Gaben und Gnaden des Heiligen Geistes greifen können. Deswegen machen wir auch die Wahrnehmung, wo der liebe Gott ein Menschenherz an sich ziehen will, da offenbart er ihm immer erst seine Schwierigkeiten, sein Kleinsein, seine Abhängigkeit. Grund dafür: Sonst kann der Mensch sich nicht nach Gott ausstrecken. Gott zieht nur die in hervorragender Weise an sich, die ihr Kleinsein erkennen. "Et exaltavit humiles" (Lk 1,52: Und er erhöht die Niedrige).

Auch den anderen Gedanken darf ich ein drittes Mal sagen: Wo die Seele ein feines Verhältnis zum Heiligen Geist bekommt, ist Gott in der Weise wirksam, wie ich das mehrfach dargestellt habe. Wo ein persönliches Verhältnis zum Heiligen Geist am Werden ist, da sehen wir in der seelischen Haltung langsam auch diese heroische Art werden, wobei wir aber immer wieder festhalten müssen: ohne daß die Natur unnatürlich wird. Ich kann mir nämlich wohl vorstellen, wer das, was ich als Auswirkung der Gaben des Heiligen Geistes sehe, zum ersten Mal hört, der mag den Kopf schütteln und sagen: Dann müssen wir verrückt werden. Nein, *ent*rückt müssen wir alle werden. Aber wenn Sie wissen, wie ich das Verhältnis zwischen Natur und Gnade dargestellt habe, dann sind Sie von vornherein sicher, daß das Erfülltsein vom Heiligen Geist nicht unnatürlich macht. Sie werden immer wieder finden, wo der Heilige Geist mit Macht in die Segel hineinbläst, wird die Natur in gleichem Maße reiner, gesünder, edler und adeliger.

Das müssen wir in der Aszese klar als Ziel vor uns haben. *Die Heiligkeit ist gleichzusetzen mit edlem Menschentum.* Wir dürfen nicht Heiligkeit gleichsetzen wollen mit Zerstörung der Natur. Ohne die Gaben des Heiligen Geistes, ohne die überragende göttliche Tätigkeit werden wir diese Abgründe in unserer kranken Natur nie ausfüllen, nie von innen heraus die Natur nach oben emporentwickeln, veredeln und adeln können.

J. Kentenich, aus:
Exerzitien für den Schönstatt-Frauenbund und für Schönstätter Marienschwestern, 24.-30.8.1930

Reinigung des unterbewußten Seelenlebens

Heute sieht man in der menschlichen Natur viel stärker das Irrationale, das Vor- oder Unterbewußte. Und wahr ist das zweifellos – das ist bei uns allen so –, was wir unterbewußt wollen, tun wir bedeutend eher und mehr als das, was wir bewußt wollen. Darum hängt ja für unsere Erziehung, auch für die übernatürliche Erziehung, so ungemein viel davon ab, daß es uns glückt, das *unterbewußte Seelenleben* des Menschen, auch das eigene Seelenleben *zu reinigen, zu verklären, zu durchgöttlichen*. Die Dogmatik hat seit je dafür eine Stelle vorgesehen, die aber so übernatürlich ist, daß sie meistens nicht recht verstanden wird: Das ist der *Sinn der Gaben des Heiligen Geistes*. Sie greifen ins unterbewußte Seelenleben hinein.(...)

Es ist halt so, die Gaben des Heiligen Geistes sind zu unseren kranken Trieben – ich sage absichtlich: kranken Trieben, wir haben ja auch gesunde Triebe in uns stecken – das Gegengewicht und Gegenmittel. Sie sind übernatürliche Triebe. Ein Wortspiel: Naturhaft-natürliche, elementar schlechte Triebe können nur überwunden, können nur durchsittlicht, können nur durchgöttlicht werden, wenn als Gegengewicht die übernatürlichen Triebe elementar lebendig, wirksam gemacht werden.

Aber auch hier dürfen wir nicht übersehen, Gnade, auch die Gaben des Heiligen Geistes als Triebkräfte hängen nicht in der Luft. Es ist also nicht so, als wären *Natur und Übernatur* voneinander getrennt. Gewiß, theoretisch trennt der Dogmatiker beide voneinander, indem er zum Beispiel fingiert: Da ist ein rein natürlicher Mensch und da ist ein rein übernatürlicher Mensch. Aber wenn wir beide zusammenfügen, wie es in Wirklichkeit ist, dann heißt das, alles Übernatürliche, ob es sich um die Seinsordnung, um die

Fähigkeiten oder um die aktuellen Gnaden handelt, wurzelt in der Natur des Menschen. Also die Gaben des Heiligen Geistes hängen nicht in der Luft. Übernatürliche Triebkräfte verbinden sich mit den natürlichen Triebkräften.

Was daraus folgt? Wir dürfen die Gaben des Heiligen Geistes nicht allein wirken lassen, wir müssen auch die natürlichen Mittel anwenden, daß die unterbewußten elementaren Triebkräfte gelockert und entspannt werden, um so der Wirksamkeit des Heiligen Geistes gleichsam entgegenzugehen.

J. Kentenich, aus:
Vortrag für Führungskreise der Schönstattfamilie,
1.12.1965

Der Heilige Geist und die Seelentiefen

(Mein) ganzes Leben hindurch schwebte (mir) *ein einziges großes Ideal* vor Augen: *Gott und die Seelen.* Alles andere war für (mich) Nebensache. Es wurde zielstrebig dieser einen großen Lebensidee ein- und untergeordnet. Es ging (mir) immerdar darum, die Seele für Gott zu öffnen und sie mit ihm unzertrennlich in Verbindung zu bringen. Das verlangte aber unabdinglich, dafür zu sorgen, *daß die Seele womöglich bis in die letzten Tiefen für Gott und Göttliches geöffnet würde* und geöffnet blieb (...) Es wurde (mir) klarer und klarer, daß nur die Seele, die sich bemüht, bis in die letzten Tiefen mit Gott tief innerlich verknüpft zu sein, fähig ist, dem Sturmesgewitter der heranziehenden wurzel- und bindungslosen oder bindungsflüchtigen Zeit Widerstand zu leisten und standfest und wurzelecht und wurzelstark zu bleiben (...) Es genügte (mir) nicht, den Willen an Gott zu binden und das helle Bewußtsein der Seele zu reinigen, zu durchlichten und zu vergöttlichen. Es wurde mir sehr bald klar, daß der Mensch gemeiniglich mehr das tut, wonach das Herz sich ausstreckt und was im unterbewußten Seelenleben als unverdauter Eindruck oder als Voreinstellung lebt und wirkt. (...) Es wäre leicht nachzuweisen, daß es dabei um Dinge geht, die *das Anliegen der Tiefenpsychologie* in echt katholischer Sicht sich aneignen, ohne im geringsten kryptogamen, d.h. geheim wuchernden Häresien zum Opfer zu fallen (...)

Umfassende Darstellung verlangt eine ausführliche Studie. Die kommt hier nicht in Betracht. Es kann sich nur um einige skizzenhafte Hinweise handeln, die zum Nachdenken anregen und in den Stand setzen wollen, Schönstatt in seiner zeitgemäßen Einfühlungskraft bei aller unerschütterlichen Verwurzelung in bewährtem katholischen Traditionsboden verständlich zu machen. Darum gebe man sich zufrieden, auf *Berührung, Erfassung und Durchdringung menschlicher Seelentiefen* – im erbsündlich belasteten Zustand – einige Streiflichter (...) fallen zu lassen.

Erst ein theologisches Streiflicht:

Paulus macht darauf aufmerksam, daß es *der Heilige Geist* ist, der mit unaussprechlichen Seufzern in uns "Abba, Vater" spricht (vgl. Röm 8,15). Der Heilige Geist ist es also, der die ganze menschliche Natur bis in letzte Tiefen ergreift und – soweit das in statu viae (auf dem irdischen Pilgerweg) möglich ist – vom Kindsein vor Gott und vom übernatürlichen Kindessinn durchdringt. So will das Wort von den "unaussprechlichen Seufzern" verstanden werden. Er ist es – wie die Dogmatiker uns sagen – durch seine sieben Gaben.

Weiter: Wie der Herr vom Geist getrieben wurde, so erlebt sich auch der Gerechte, in dem die übernatürlichen Triebkräfte als Gegengewicht gegen die ungeläuterten naturhaften Triebe wirksam sind. Wo die übernatürlichen Triebkräfte unbeachtet bleiben, ist es auf die Dauer unmöglich, verwilderte und hemmungslos ausbrechende Naturtriebe zu meistern. Es dürfte nicht schwer sein, diese Hinweise auf die Seelentiefen in der rechten Weise anzuwenden.

Weiter: "Es sind die Gaben die verborgensten und feinsten Fäden, Handhaben und Tasten, durch welche der Heilige Geist die geheiligte Seele regiert, in ihr wirkt, was er will (...) Durch diese Gaben wird die Seele ein erwähltes Werkzeug des Heiligen Geistes, er wird so recht ihr Erzieher und Lehrmeister" (Meschler). Die hier gemeinten verborgensten und feinsten Fäden greifen in letzte Seelentiefen hinein. Darum nennt man wohl auch die Gaben des

Heiligen Geistes übernatürliche "Seelenorgane" oder "Anschlußkräfte", die die Seelen instand setzen, nicht nur etwa humano modo, sondern divino modo (nicht auf menschliche, sondern göttliche Weise) zu handeln, die sie wecken, die sie treiben, die sie emporreißen wie im Fluge empor zum Heroismus, zum Vollalter Christi. "Die Seele wird durch sie unmittelbar von Gott ergriffen, wird willig und lenksam allem Übernatürlichen gegenüber und tut sich leichter zu Gott hin" (Franke). Der heilige Thomas erklärt: "Die Gaben des Heiligen Geistes sind bleibende, ganz vom Himmel stammende Beschaffenheiten, durch die der Mensch vervollkommnet wird zu schnellem Gehorchen gegen den Heiligen Geist (...) Sie sind besondere übernatürliche Fähigkeiten, die uns gelehrig machen, auf daß wir jene ausgezeichneten Werke verrichten, die unter dem Namen Seligkeiten bekannt sind."

Es dürfte abermals nicht schwer sein, herauszuhören und herauszulesen, in welchem Ausmaße hier auf das Erfaßtwerden der Seelentiefen vom Heiligen Geiste abgehoben ist. Das meint auch Laros, wenn er hervorhebt: "Sie (die Gaben des Heiligen Geistes) sind letzthin das vom Geiste Gottes gewirkte Spontan-Geniale in der Menschenbrust. Dieses drängt mit innerer Anziehung, mit einer Art Gravitation (Schwerkraft) auf Gott hin und wirkt für ihn."

Andere geistliche Lehrer vergleichen die Gaben mit den Segeln von Schiffen oder mit den Flügeln der Vögel, um die Leichtigkeit des Wirkens gegenüber unseren sonstigen Fortbewegungsmitteln zu beleuchten.

Es dürfte nicht schwer sein, die hier gezeichneten Zusammenhänge in unserer Familiengeschichte überall wirksam zu sehen. Man braucht sich nur zu erinnern an das individuelle und gemeinsame *Streben nach heroischer Heiligkeit*. Hält man vor Augen, daß ein solches Streben nur möglich ist, wo die Gaben des Heiligen Geistes sich ungehindert auswirken können, so versteht man, weshalb und in welchem Maße Schönstatt seine Glieder und Gliederungen anleitet und fördert bei Erfassung und Durchdringung, bei Läuterung, Durchseelung und Durchgöttlichung der Seelentiefen.

Zum gleichen Resultat kommt man, wenn man sich vergegenwärtigt, wie die göttliche Führung die gesamte Familie wieder und wieder drängt zum *Heroismus der göttlichen Tugenden* (und der Kardinaltugenden). Die Gottesgelehrten weisen nach, daß die Vollendung der göttlichen Tugenden ausschließlich die Aufgabe und Funktion der Gaben des Heiligen Geistes ist. Darum abermals die Folgerung: Wie tief mögen die Seelen bis ins Unterbewußte von Gott und Göttlichem erfaßt und durchdrungen sein!

Nochmals: Wo wir *zur Inscriptio oder zum Engling-Akt anleiten,* pflegen wir immer wieder hervorzuheben, die bedingte Bitte um jegliches Kreuz und Leid habe die Aufgabe, die negativen Voreinstellungen und Vorurteile gegen Kreuz und Leid zu überwinden und – unter dem Einfluß des Heiligen Geistes – positiv umzuwandeln. Klassisches Beispiel für diese Wandlung sind die Apostel vor und nach der Herabkunft des Heiligen Geistes. Vorher waren sie trotz der Nähe des Herrn triebhafte Menschen, die vor Kreuz und Leid flohen. Wo man sie nicht genügend beachtete, waren sie bereit, Blitz und Donner herabzurufen. Nach Herabkunft des Heiligen Geistes freuten sie sich, vor die Richterstühle gezogen, mißachtet und mißhandelt zu werden. So sieht der neue Mensch in Christus Jesus aus, den die Gottesmutter von ihren Heiligtümern aus in besonderer Weise der heutigen Kirche schenken möchte.

Dem theologischen sei ein psychologisches Streiflicht angefügt: (...)

Als erstes Moment will die Lehre des heiligen Thomas von der potentia oboedientialis für das Göttliche, für das Übernatürliche genannt werden. Es geht hier um die *Aufnahmefähigkeit der menschlichen Natur für das Göttliche, für das Übernatürliche.* Man kann dafür auch sagen: Es geht – mit einem Seitenblick auf die Gottesmutter – um die ausgesprochene Fiat-Haltung, um das Weit-geöffnet-Sein für Gottes Wort und für Gottes Werk, also um die ausgesprochen weibliche Grundeinstellung dem Ewigen, dem Unendlichen gegenüber – und das alles im Gegensatz zu unartikuliert männlicher Volo-Einstellung, die zumal in der heutigen virilistischen (vermännlichten) Zeit wähnt, sich als actus purissimus (pure Aktivität) geben zu können.

Man beachte in diesem Zusammenhang die ganze *Welt der Kindlichkeit,* wie wir sie lehren und zu leben uns bemühen. Sie ist ein flammender Protest gegen diesen extremen Virilismus (Vermännlichung) und ein warmes Bekenntnis zur Fiat-Haltung der lieben Gottesmutter. Wir halten unerschütterlich fest, daß die "ewige Frau" und der "ewige Mann" allezeit wurzelt im "ewigen Kind". Kindliche Aufgeschlossenheit und kindliche Hingabe bleibt allezeit ein konstitutives Element männlicher und weiblicher Vollendung. Diese Kindlichkeit mag hüben und drüben andere Formen annehmen, sie mag sich in unterschiedlichen Graden auswirken, niemand aber darf ihr entraten. So will das Wort des Herrn gedeutet werden: "Wenn ihr nicht werdet wie die Kinder ..." (vgl. Mt 18,3).

Will man den hier dargestellten Lebensvorgang von anderer Seite betrachten, um ihn stärker noch mit den Seelentiefen in Verbindung zu bringen, so tausche man das Wort "Kindsein" mit dem gleichbedeutenden Worte *"Kleinsein"* aus. Inwiefern Kindsein die Seelentiefen aufschließt, braucht kaum besonders hervorgehoben zu werden. Das Geöffnetsein gehört ja schlechthin zum Wesen des Kindes. Unreife Kindlichkeit ist hemmungslos geöffnet. Man spricht auch vom "enfant terrible". Sie mag ein Durchgangsstadium sein. Das Ideal ist jedoch und bleibt die reife, abgeklärte Kindlichkeit. Diese ist hemmungslos und bedingungslos vor Gott geöffnet. Im übrigen aber nach rechts und links ein sorgsam gehütetes Geheimnis, ein versiegelter Quell, ein verschlossener Garten. Ferner sei an das oben Gesagte erinnert: Ist Kindlichkeit – wie gesagt – Gott gegenüber vorbehaltlos offen, so ist damit zu rechnen, daß der Heilige Geist durch die geöffnete Tür in die kindliche Seele nicht nur in etwa hinab-, sondern möglichst tief in ihre Abgründe hineinsteigt. Wo der Heilige Geist aber in solcher Weise wirksam ist, spricht er "mit unaussprechlichen Seufzern". Da hat er keine Ruhe, bis er in den Seelentiefen eine unantastbare Wohnung sein eigen nennt.

Grignion von Montfort erschließt uns in diesem Zusammenhange einen anderen Gesichtspunkt. Er hebt hervor, daß *der Heilige Geist* "in Gott selbst nicht fruchtbar ist", aber *in Maria fruchtbar geworden* sei, mit der er sich vermählt. Mit ihr und in ihr hat er sein Meisterwerk, den Gottmenschen, hervorgebracht. Mit ihr und in ihr bringt er täglich bis zum Ende der Welt die Kinder Gottes und die Glieder am Leibe dieses anbetungswürdigen Hauptes hervor. Je mehr er darum seine treue und unzertrennliche Braut Maria in einer Seele findet, desto mehr kann er in dieser Seele wirken, desto besser kann er Christus in ihr hervorbringen ... "Einer der Hauptgründe dafür, daß der Heilige Geist heutzutage keine auffallenden Wunder in den Seelen wirkt, ist die Tatsache, daß er sie zu wenig mit seiner treuen Braut vereinigt findet." Solche und ähnliche Beobachtungen veranlassen Grignion, als eine Gesetzmäßigkeit der göttlichen Seelenführung festzustellen: "Zusammen mit dem Heiligen Geist hat Maria den Gottmenschen hervorgebracht (...) ihr ist die Bildung der großen Heiligen vorbehalten (...) Denn nur diese einzigartige Jungfrau kann zusammen mit dem Heiligen Geist Einzigartiges hervorbringen (...) Wenn der Heilige Geist Maria in einer Seele gefunden hat, dann eilt er zu ihr hin, zieht mit seiner ganzen Fülle in diese Seele ein und teilt sich ihr überreichlich mit, und zwar in dem Maße, als die Seele seiner Braut Raum gewährt." So wiederholt sich allezeit das Wort: Et incarnatus est de Spiritu Sancto ex Maria Virgine – Er hat Fleisch angenommen vom Heiligen Geist aus Maria, der Jungfrau. Wo der Heilige Geist Maria in den Seelen findet – so lautet die Voraussetzung für die besondere Wirksamkeit des Heiligen Geistes. Er findet sie dort, wo er in der Seele mit der innigen Liebe zu seiner Braut auch deren ausgesprochene Fiatgesinnung wahrnimmt.

J. Kentenich, aus:
Studie, 1962

Pfingsten – Hochfest der seelischen Wandlung

Es gibt ein liturgisches Gesetz, das lautet: Liturgische Feiertage sind nicht nur Erinnerungs-, sondern auch Erneuerungstage. Pfingsten feiern wir heute. Wenn wir das Gesetz richtig sehen und richtig anwenden, dann bedeutet das, wir sollen uns heute erinnern an das große Ereignis der Herabkunft des Heiligen Geistes. Erinnern sollen wir uns daran, aber auch uns bewußt werden daß uns heute dieselbe Gnade angeboten wird, die seinerzeit den Aposteln und den Jüngern zuteil wurde.

Darum die Frage: Was war denn damals an Pfingsten im Abendmahlssaale? Wir brauchen nicht viel Zeit darauf zu verwenden, um uns das Ereignis in die Erinnerung zurückzurufen. Ich meine, im Sinne unserer Familie, im Sinne der geistigen Haltung, die wir jetzt in uns spüren, zusammenfassend sagen zu dürfen: Das war ein Hochfest der allseitigen seelischen Wandlung.

Wer ist gewandelt worden, und wie sind sie gewandelt worden? Das waren die Apostel und Jünger. Wenn wir von Wandlung sprechen, fragen wir natürlich zunächst einmal: Wie waren die Apostel vor der Herabkunft des Heiligen Geistes, und wie haben sie sich nachher gegeben? Unwillkürlich fühlen wir uns dann gedrängt, zu überlegen, wie wir jetzt sind, und wie wir hoffen, nachher zu sein, wenn der Heilige Geist auch über uns herabgekommen ist. Wie sie vorher waren, wissen wir.

Wenn wir einmal die einzelnen Fähigkeiten, die seelischen Fähigkeiten der Apostel auf uns wirken lassen, um von da aus eine klare Antwort auf die einschlägige Frage zu erhalten, dann müssen wir zunächst fragen: Wie sah denn der *Verstand* aus, besser gesagt, wie hat denn das

Licht des Glaubens den Verstand der Apostel, der einzelnen damaligen Gläubigen, die im Abendmahlssaal waren, innerlich gewandelt? Das war ein überaus schwacher Glaube. Erinnern wir uns, was die Apostel getan, als der Heiland, an dem sie ja vorher hingen, plötzlich gefangen und mißhandelt wurde. Sie nahmen Reißaus. Der Verstand hatte nicht klar die Person des Gottmenschen erfaßt, deswegen hatte der Wille wohl auch nicht die Kraft, ihm bis zum Tode zu folgen.

Wir mögen uns das selber aber auch fragen: Wie sieht es denn mit meinem Verstand aus. Habe auch ich das Licht des Glaubens? Zweifellos haben wir das, sonst hätten wir uns nicht rufen und berufen lassen zur Sendung unserer Schönstattfamilie. Alles, was in Schönstatt geworden, setzt ein derartig hervorragendes Glaubenslicht, einen Glaubensgeist voraus, daß wir von vornherein sagen dürfen, wem dieses Licht nicht zuteil wird, der wird niemals den Weg zur Familie finden. Das will aber nicht sagen, daß dieses Glaubenslicht die ganze Seele so durchdringe, daß ein Fortschritt nicht mehr möglich wäre. Je mehr in der Welt um uns herum das Licht des Glaubens dunkel und verdunkelt wird, und zwar nach allen Richtungen und nach allen Regeln der Kunst, desto mehr sind wir darauf angewiesen, daß dieses Glaubenslicht unser ganzes Sein durchdringt und durchtränkt.

Überlegen wir weiter, wie es mit dem *Willen* der Apostel aussah, so müssen wir auch hier sagen, daß sie Schwächlinge waren. Sie haben Reißaus genommen, und zwar in einer Situation, wo die Frauen dem Herrn treu blieben und bereit waren, ihr Leben für ihn herzugeben. Wahrhaftig, eine üble Situation! Und diese Männer sollten die Botschaft Christi in alle Lande bringen. Sie sollten bereit sein, früher oder später einmal das Leben für den Heiland und seine Sendung herzugeben.

Und ihr *Herz?* Sicherlich, zeitweilig flackerte das auf. Wir brauchen uns nur an einige Situationen zu Lebzeiten des Herrn erinnern. So wußte zum Beispiel Petrus im Namen der Apostel mit einer großen Inbrunst zu erklären: "Wohin sollen wir denn gehen, wenn du uns verläßt und wenn wir dich verlassen? Du allein hast Worte des ewigen Lebens" (vgl. Joh 6,68). Es flackerte also tatsächlich die Glut des Herzens auf. Aber das war keine Dauerglut und keine Dauerwärme. Das wissen wir ja aus all dem, wie Petrus sich später gab. (...)

Wie aber wirkte sich nach der Herabkunft des Heiligen Geistes die Wandlungsgnade aus? Es war eine umfassende, tiefgreifende Wandlung. Das Licht des Glaubens durchstrahlte die Apostel. Mit welchem Mut traten sie auf! Vorher hatten sie gezittert und gebebt, und nun waren sie bereit, für den Herrn zu sterben. Als man sie mißhandelte, waren sie glücklich, dem Herrn ähnlich zu werden. Freudig gingen sie von den Richterstühlen weg. Welche Glut in ihren Herzen, wenn wir zum Beispiel lesen oder hören, was die Apostel in ihren Briefen schrieben. Wahrhaftig, Feuerbrände waren sie, für Christus glühend.

Was uns die Heilige Schrift von den Symbolen sagt, unter denen der Heilige Geist auf die Apostel herabkam, gibt uns überaus sinngerecht und seinsgemäß wieder, wie diese Wandlung im einzelnen vor sich gegangen und was sie erreicht hat.

Der Heilige Geist kommt im *Sturmwind.* Was bedeutet "Sturmwind"? Wenn wir an das natürliche Leben denken, dann wissen wir, daß ein Sturmwind alles Halbe, alles Faule von den Bäumen wegfegt. Auch in den Aposteln hat der Heilige Geist alle Halbheiten, von denen sie ja strotzten, auf einmal beiseite geworfen. Hier hat es sich also nicht zunächst und zuerst um persönliches Ringen und

Streben gehandelt, sondern eine höhere Macht hat eingegriffen.

Das wissen wir ja wohl auch aus eigenster, persönlicher Erfahrung, was wir unserem eigenen guten Willen zuzuschreiben haben, was wir von ihm erwarten können, wie weit er gediegen, ehrlich, kraftvoll ist! Ach, das wissen wir ja, wie selten wir ausführen, was wir vorher gleichsam geschworen haben. Der Heilige Geist muß auch auf uns herabkommen. Wenn er das nicht tut, dann dürfen wir sicher sein, daß wir immer halbwüchsige Menschen bleiben. Alles Halbe, alles Faule muß heraus aus unserem Innern, aber nicht als Wirkung des eigenen Wollens. Sicher, wir sollen nicht die Hände in den Schoß legen. Aber letzten Endes muß das die Wirkkraft des Heiligen Geistes und seiner Gaben sein. (...)

Der Heilige Geist kam in *feurigen Zungen* auf die Apostel herab. Ja, vorher war verzweifelt wenig Feuer in ihnen, höchstens hie und da einmal, aber wo es sich um dauernde größere Schwierigkeiten handelte, war kein Feuer in ihnen. Feuer! Vom Feuer wissen wir, daß es verbrennt, Wir denken an die Verbrennungsmacht der Gaben des Heiligen Geistes. Was soll verbrannt werden? Alles Halbe, alles Faule. Feurige Zungen! Das Feuer leuchtet aber auch. Das Feuer züngelt nach oben. Das Feuer wärmt. Ist das nicht die große Wandlung, die auch in den Aposteln vor sich gegangen ist, nachdem der Heilige Geist über sie gekommen war? Ist das nicht die große Sehnsucht, von der auch wir innerlich erfüllt werden und ständig erfüllt sind, zumal seit wir tieferen Einblick haben in alles Göttliche, alles Jenseitige, alles Übernatürliche?

Feurige Zungen symbolisieren auch die Sprachengabe. Welche Sprachengabe? Die Apostel haben in fremden Sprachen gesprochen. Angewandt auf uns: Auch wir möchten "fremde Sprachen" lernen. Welche fremde Sprache meinen wir? Das ist die Sprache des Liebesverkehrs mit dem ewigen Vatergott und mit dem Heiland und mit dem Heiligen Geist.

Nicht wahr, wenn wir nun beieinander sind, bringen wir Sehnsüchte mit. Auch wenn wir große Zusammenhänge einigermaßen tief erfaßt haben, dürfen und sollen wir uns immer bewußt werden, wenn nicht der Heilige Geist über uns kommt, dann bleiben wir ewig halbwüchsig. Wenn nicht der Heilige Geist die Hauptarbeit leistet, wenn er uns nicht die Wandlungsgnade schenkt, dürfen wir nie erwarten, daß wir die Wandlungsgnade, nach der wir ja so starke Sehnsucht haben, in tieferem, höherem Grade erreichen.

J. Kentenich, aus:
Ansprache für Frauen von Schönstatt, Pfingstsonntag, 29.5.1966, im Mitgründerheiligtum, Liebfrauenhöhe

Die tiefere Wandlung

Ich glaube, wenn wir die Erfahrung aber befragen, dann werden wir sagen dürfen: Eine tiefergehende Wandlung, so fast bis in die Nähe eines Strukturwandels – ich sage: fast bis in die Nähe – könnte man so erfahrungsgemäß unter einem dreifachen Gesichtspunkte oder unter einer dreifachen Voraussetzung etwa annehmen. Wir wollen auch hier wieder das Leben befragen.

Das ist erstens, wenn ein ganz *großes Leid* unsere Seele berührt. Ich meine, meine lieben Mitbrüder, bei solchen Erwägungen sollten wir überhaupt gerne stehenbleiben; Erwägungen, die uns den Sinn von Kreuz und Leid tiefer vermitteln. Ein großes Leid. Ich weiß nicht, vielleicht können Sie an sich selber denken, wo ein ganz großes Leid Sie innerlich ergriffen hat. (...) Bitte sehen Sie das, was wir in der Familie kosten dürfen, jahrelang, unter dem Gesichtspunkte: Wenn schon eine tiefere Wandlung in vielen – und das kann ich bestätigen –, in sehr vielen Seelen erreicht worden ist, dann, meine ich, müßten wir historisch getreu konstatieren, undenkbar wäre das alles gewesen ohne das tief einschneidende seelische Leid, unter dem ja so riesig viele, zumal die edelsten Seelen, bluten. Das ist das eine.

Dann zweitens ist eine derartige tiefergehende, also bis in die Seelentiefe hinein reichende, hinein ragende Wende möglich, wo eine ganz *tiefe Reue* uns innerlich erfüllt. Das muß aber eine Reue sein, die halt nicht nur eine allgemeine Willensreue ist, sondern eine erschütternde Reue.

Um mir wieder einen Seitenblick zu gestatten – wir wisse: wo die Gnade der Beschauung die Seele erfüllt, will sie aufgefaßt werden nicht nur wie ein beseligendes, sondern auch wie ein innerlich ätzendes, ein verzehrendes Licht. Was wird hier verzehrt? Ist etwas Erschütterndes. Eine ungemein tiefe, fast schluchzende Reue mag dann die Seele erfassen und erfüllen ob kleinen und kleinsten Entgleisungen.

Natürlich spüren wir sofort: Das ist wieder nicht möglich, ohne daß die Gabe des Heiligen Geistes – hier in diesem Falle spezifisch und speziell die Gabe der Furcht – die Seele erfüllt. Es sind das natürlich Welten, in die wir zu wenig Einblick haben, aber Welten, in die wir früher oder später uns tieferen Einblick verschaffen oder erbetteln müßten. Sonst verstehen wir eben den ganzen Reichtum des innerlichen Lebens nicht. (...)

Dann ein drittes Moment: Wenn einmal eine ganz außergewöhnlich große, *tiefe Liebe* uns innerlich ergreift.

Also halten Sie fest: Welche Lebensvorgänge können mit der Zeit in unser unterbewußtes Seelenleben hineinragen und dort tiefergehende Wandlungen hervorbringen? Psychologisch betrachtet: großes Leid, große Reue, große Liebe. Aber all das ist in diesem Grade nicht möglich ohne ganz tiefgreifende Wirksamkeit der Gaben des Heiligen Geistes. Heiliger Geist muß immer in uns wirksam sein. Aber wo seine besondere Wirksamkeit angerufen werden muß, handelt es sich um diese Art seelische Wandlung im Leben des Individuums und im Leben der Gemeinschaft.

J. Kentenich, aus:
Vortrag für Schönstattpatres, 23.3.1963

Geschmack an Kreuz und Leid

Was haben die Gaben des Heiligen Geistes den Aposteln ethisch gegeben? Jetzt hören Sie mal bitte den Ausdruck: Geschmack an Kreuz und Leid. (Sie haben) Geschmack bekommen an Kreuz und Leid, Geschmack an Verachtung, Geschmack bekommen auch an Ehrverletzungen, die man ihnen erweist. Das ist sicher etwas Heroisches. Das ist an sich – ja, ich darf nicht einmal sagen, über die Natur hinausgehend –, das ist an sich *gegen* die Natur, wenn eine Natur naturgemäß so verletzt wird, wie das doch der Fall ist, wenn man uns Unrecht tut, Ungerechtigkeit auf Ungerechtigkeit zufügt oder Leid auf Leid, Schmerz auf Schmerz. Sehen Sie, was bringt der Heilige Geist fertig? Der wirft alle Naturgesetze über den Haufen.

Geschmack bekommen an Kreuz und Leid. Darf ich jetzt wieder zurückgreifen zu den vielen Ansatzpunkten, die wir in diesen Tagen gefunden haben? Das ist ja das, was wir gerade brauchen. Wollen wir die zweite Bekehrung, dann brauchen wir Geschmack an Kreuz und Leid. (...)

Ich weiß nicht, was soll ich für ein Bild wählen. Nehmen Sie meinetwegen einmal: Wie haben wir das gemacht, als wir anfingen zu rauchen? Ich erinnere mich, daß sie mich das erstemal prüften, als ich 15 Jahre alt war. Da war ich schon so vernünftig, daß ich mir sagte: Wenn das der Genuß des Rauchens ist – Schluß, dann wirst du nie mehr rauchen. Seit der Zeit habe ich nie mehr geraucht. Ich habe keinen Geschmack am Rauchen bekommen. Sehen Sie, aber ich *kann* mit der Zeit Geschmack daran bekommen! Verstehen Sie jetzt, was ich will? So kann ich Geschmack bekommen an der Nachfolge Christi, Geschmack bekommen an Kreuz und Leid, während ich vorher wohl theoretisch etwas von den Dingen wußte, aber innerlich den Trieb hatte, all das abzuschütteln. Auch wenn ich Geschmack habe daran, mag es weh tun. Das ist gut denkbar, daß ich beides habe: Geschmack an Kreuz und Leid und trotzdem auch noch ein inneres Wehren dagegen.

Damit haben Sie es wieder: Wollen wir die zweite Bekehrung erreichen in irgendeiner Weise – ohne Gaben des Heiligen Geistes geht das gar nicht. Das ist jetzt nur mit Rücksicht auf diesen Zentralpunkt, den wir besonders immer wieder aufs Korn nehmen müssen, weil der im wesentlichen das Merkmal ist, an dem wir ablesen können, wie weit wir innerlich über uns selber hinausgewachsen sind.

Ich darf Ihnen mal ein anderes Beispielchen erzählen. Sie sehen das jetzt an den Aposteln – brauche das ja nicht darzustellen –, da heißt es ja: "Nachher gingen sie voll Freude von den Richterstühlen weg und waren froh, wenn sie mißhandelt worden sind" (vgl. Apg 5,41). Haben sogar Begier danach. Merken Sie, die Naturgesetze sind umgeordnet, sind umgeworfen, auf eine höhere Ebene empor gehoben.

J. Kentenich, aus:
Terziat für Pallottinerpatres, USA, 1952

Ganzhingabe

Ganzhingabe bedeutet eine vollkommene Enteignung, eine vollkommene Übereignung, eine vollkommene Aneignung.

Eine vollkommene Enteignung. Wir enteignen uns ganz. Wir verzichten nicht etwa bloß auf das eine oder andere äußere Gut. Das wäre schon viel wert, wenn wir alles, was wir haben, der lieben Gottesmutter und durch ihre Hände dem ewigen Gott anbieten würden. Nein, das geht alles viel tiefer und weiter: Wir wollen uns selber enteignen; wir wollen uns nicht mehr selber gehören. Es ist etwas Großes, wenn ich jemandem die Früchte eines Baumes anbiete; größer ist es, wenn ich die Wurzel anbiete. Durch die Weihe bieten wir die Wurzel des Baumes an, uns selber ganz und gar, wie wir sind. Wenn wir etwa das kleine und überaus tiefgreifende Gebetchen des Schweizer Nationalheiligen Nikolaus von der Flüe kennen, dann wissen wir, was Ganzhingabe bedeutet. Wir haben das Gebet schon häufig gebetet:

> "Mein Herr und mein Gott, nimm alles mir,
> was mich hindert zu dir!
> Mein Herr und mein Gott, gib alles mir,
> was mich fördert zu dir!
> Mein Herr und mein Gott, nimm mich mir,
> und gib mich ganz zu eigen dir!"

Oder auch, wenn wir in unsere Gebete hineinschauen: Wie viele Stellen atmen dort den Geist der Ganzhingabe, zum Beispiel: "Nimm hin, o Herr, durch meiner Mutter Hände ..."

Vollkommene Enteignung! Es ist etwas Großes, einen solchen Akt zu setzen. Größer ist es, wenn aus diesem Akt künftig eine Lebensform entsteht.

Weihe, Ganzhingabe, wie wir sie auffassen, bedeutet: *Eine vollkommene Übereignung.* Die alten Aszeten haben gerne gesprochen von der ersten und zweiten Bekehrung. Erste Bekehrung – was verstanden sie darunter? Sie meinten damit eine gewisse Abkehr von der Welt und Hinkehr zu Gott. Und die zweite Bekehrung? Das ist genau das, was wir wollen: Da wollen wir den Dreh zu Gott ganz finden und die Abkehr von der Welt ganz suchen. Es ist nicht so, als wollten wir aus der Welt hinausflüchten. Wir bleiben in der Welt, aber es ist halt so: Die Welt mit all ihrer Lustbarkeit hat keinen Einfluß mehr auf uns. Und es dreht sich darum, Gott vollständig zum Mittelpunkt unseres Lebens zu machen. Ungezählt viele Menschen, auch solche, die das religiöse Kleid tragen, sind nicht bis zu diesem Stadium gekommen, das wir erstreben (...) Diejenigen, die das Leben heute kennen, wissen: Mit Halbheit ist heute niemandem gedient. Sicherlich, mit Sport und Spiel kann man vielleicht da und dort jemanden hinter dem Ofen hervorholen, aber mit oberflächlichen Dingen kann man sich heute nicht innerlich festigen gegen den großen Erbfeind des Christentums, gegen die großen Umwälzungen, die uns bevorstehen. Es hängt nur alles davon ab, daß wir die Weihe nicht als einmaligen Akt auffassen, sondern als ein Lebensziel, als eine klare, eindeutige Lebensform, für die wir alles hergeben.

Ich will ihnen noch ein paar Worte sagen über die Ganzhingabe. Ob Sie sie Blankovollmacht oder Inscriptio nennen, das sei dahingestellt. Ich gebrauche jetzt einmal dafür das Wort Ganzhingabe. Was bedeutet das? Es ist die Bereitschaft des Herzens, dem lieben Gott gar keinen Wunsch zu versagen – hören Sie, was das bedeutet! –, aber auch gar keinen Wunsch versagen! Oder positiv ausgedrückt: Es ist die Bereitschaft des Herzens, den lieben Gott zu verwöhnen – auch da, wo er die leisesten Wünsche äußert –, Bereitschaft des Herzens, alles herzugeben, damit der liebe Gott herrsche über uns, über den Berufskreis, den wir zu betreuen haben, über die ganze Welt. Das Wort: "Zu uns komme dein Reich" (Mt 6,10) wird dadurch ernst genommen. Das andere Wort: "Suchet zuerst das Reich Gottes und seine Gerechtigkeit, und alles andere wird euch dazugegeben werden" (Mt 6,33) bekommt jetzt erst die wahre, echte Fülle.

Ganzhingabe! Wir spüren sofort: Ganzhingabe der Art, wie sie hier angedeutet ist, kann an sich nur Gott gegenüber möglich sein. Einem Geschöpf als Geschöpf kann ich mich nicht ganz ausliefern; es sei denn, daß eine Gottbezogenheit da ist, wie zum Beispiel bei der Gottesmutter. Wir verschreiben uns ihr nicht, insofern sie ein Geschöpf für sich ist, sondern insofern sie so innig mit Gott verbunden ist. *Wegen* Gott und in Gott kann und soll ich mich auch ihr ganz hingeben, mit allem, was ich bin und habe.

Was schließt das alles in sich? Das spüren wir: Zu einer derartigen Ganzhingabe kann uns letzten Endes nur der Heilige Geist drängen und treiben. Das ist eine hervorragende Frucht des Geistes Gottes, des Ringens um den Menschen der göttlichen Gaben und Gnaden.

J. Kentenich, aus:
Vortrag für die Schönstatt-Frauenliga, 31.5.1951

Die Gabe der Weisheit – Inbegriff aller Gaben

Selbstverständlich ist es dem Dogmatiker schwer, wenn er die einzelnen Gaben durchspricht, überprüft, sie genau zu scheiden. Was aber das Wesentlichste ist: Die Gaben des Heiligen Geistes sind schlechthin die Mittel, die die Seele zur Hochherzigkeit, zur Großmut emportreiben, das sind die Mittel, die die Seele wie auf Flügeln in eine andere Welt hineintragen. Da kommt es nicht so sehr darauf an, daß der Heilige Geist das durch diese oder jene Gabe tut, da mag die Wissenschaft zurückstehen. Es kommt auch nicht so sehr darauf an, daß wir abwägen, diese Gabe gibt das, jene das. Das ist auch der Grund, weshalb ich summarisch bloß ein paar Worte über die Gabe der Weisheit sage.

Selbstverständlich müssen wir hier in die Schule derer gehen, denen der Herrgott die Gaben in hervorragendem Maße gegeben hat. Lediglich Philosophieren allein führt nicht zum Ziele. Entweder darf ich in Seelen hineinschauen, in denen der Heilige Geist wirksam ist, oder ich darf innewerden, daß der Geist Gottes, der Heilige Geist, mich selber geführt hat. Das heißt praktisch, wir müssen die Lebenserfahrung befragen. Was sagt uns diese praktische Erfahrung? Was schenkt die Gabe der Weisheit der begnadeten Seele? Was also der Heilige Geist durch die *Gabe der Weisheit* schenkt, mich dünkt, zusammenfassend dürfte und müßte ich so sagen:

1. ein überaus helles Licht,
2. eine außerordentlich große Liebe,
3. eine tiefgreifende, umfassende Wandlung
und Verwandlung.

Und auf das Letztere kommt es an. Wir müssen gewandelt werden. Transformatio in Deum (Verwandlung in Gott)! Das alte Wort, das wir so leicht nachsagen, das der Apostel Paulus uns vorsagt, bekommt jetzt erst eine vollendete, beglückende Wirklichkeit: "Nicht mehr ich lebe, sondern Christus lebt in mir" (Gal 2,20). Und wenn Christus in mir lebt, dann lebt auch sein Geist in mir. Das ist der Heilige Geist, der dann in mir lebt. (...)

Wenn Sie nun auf Einzelheiten ein klein wenig achten wollen, um zu prüfen, wie der Geist Gottes unsere Seele getragen (hat) oder tragen möchte, was bedeutet das dann?

1. Die Gabe der Weisheit ist zunächst ein *helles Licht*. Wir wollen einen Augenblick Anleihe machen bei den Mystikern, die haben hier Vergleiche zur Hand. Wo es sich um eine jenseitige, geheimnisvolle Welt handelt, kann man nicht mit geschliffenen Begriffen arbeiten. Es ist eben etwas Geheimnisvolles, und das Geheimnis will jeweils entschleiert werden durch Bilder, weil in Bildern ein heller Kern ist, aber gleichzeitig auch unermeßlich viel Dunkelheit. So sagen sie, man soll sich einen Blindgeborenen vorstellen. Der Blindgeborene ist der Mensch, der im Lichte des Glaubens wandelt, der lediglich die Tugend des Glaubens in sich entfaltet hat, ohne daß die Gabe des Heiligen Geistes wirksam geworden wäre.

Sehen Sie, auch wir, die wir normalerweise im Lichte des Glaubens wandeln – vorausgesetzt, der Heilige Geist ist nicht tiefgreifend eingebrochen in unser Innerstes durch seine Gaben –, sind praktisch, gemessen an dieser Höhenlage, Blindgeborene. Sehen Sie, der Blindgeborene hört allerlei erzählen von der Schöpfung, von der Schönheit der Welt, vom Glanz des Firmamentes, von der Herrlichkeit der Flora. Jetzt mögen all diejenigen, die an der Natur hängen, sich die glänzendsten Naturschilderungen ausmalen. Und nun sollen wir annehmen, so meinen die Mystiker, plötzlich sei wie durch ein Wunder der Blindgeborene von der Blindheit geheilt. Und nun vergleicht er: Was ich mir vorstellen konnte, ist nichts im Vergleich zu der Herrlichkeit, die ich nun schauen darf. Das soll der Zustand der Seele sein, wenn die Gabe der Weisheit sie erfüllt. Auf einmal sieht sie helles Licht, Dinge, die andere kaum ahnen, und zwar nicht bloß mit Klarheit, sondern es wird in der Seele auch eine Wärme wach, eine Inbrunst, alle diese großen Wahrheiten und Wirklichkeiten zu umfangen, dafür zu leben und dafür zu sterben. Sehen Sie, das ist die Gabe der Weisheit. (...)

Es ist diese Erkenntnis, dieses helle Licht, das die Seele auch gleichzeitig innerlich *warm* macht, wie die Mystiker hervorheben, mit einer ungemein starken Geschmacksseligkeit verbunden, die im Kern schon in dem enthalten ist, was ich vorher gesagt habe. Ich kann eine Wahrheit unbesehen annehmen und sagen: Ja, es ist so, Schluß der Vorstellung! Der heilige Bonaventura nennt ein Bild und sagt: Ich kann theoretisch allerlei wissen, etwa von der Süßigkeit des Honigs; es ist aber etwas ganz anderes, wenn ich den Honig geschmeckt habe. Sehen Sie, meine liebe Schönstattfamilie, wer die übernatürliche Welt, die Seligkeit der übernatürlichen Welt einmal geschmeckt hat, der bekommt innere Sicherheit. Das dauert etwas, bis wir nicht bloß Geschmack haben, sondern bis der Geschmack ersättigt ist. So werden Sie verstehen, wenn Sie hineinschauen in das gewöhnliche Leben, wie Menschen, die vom Heiligen Geiste erfüllt sind, Liebe zum Beten haben, weil durch das Gebet die Seele tiefer in die jenseitige, übernatürliche Welt eingeführt wird, und zwar mit einem tiefen persönlichen Geschmack. So hören wir von manchen Heiligen, wie sie sich beklagten, wenn man sie vom Gebet weggerissen hat. Woher das kam? Man hat sie von einer Welt weggerissen, die anders ist als die, die unsere

Füße berühren. "Emitte Spiritum tuum (Sende aus deinen Geist) ..." (...)

2. Was uns die Gabe der Weisheit in hervorragendem Maße schenkt, ist eine *hochgradige Liebe*. Die Mystiker sagen uns, daß diese Liebe eine doppelte Eigenschaft ihr eigen nennt. Das verstehen wir alle sehr gut. Wenn wir das normale Maß der Gottesliebe haben, wissen wir, wir schätzen Gott dem *Willen* nach mehr als alles andere, aber *praktisch* hängt unser Gemüt an vielen, vielen Dingen viel stärker als am Jenseits, an der Übernatur. Dann sind wir nicht zuverlässig in der Hand Gottes, dann ist die Gefahr groß, daß wir ihm immer wieder ausweichen. Normalerweise wird der Mensch viel mehr durch das geführt, was unbewußt das Herz möchte, als durch das, was der Wille will. Nicht wahr, deswegen reden wir nicht von Willensverschmelzung, sondern von Herzensverschmelzung. Das Herz ist es, das letzten Endes beredt macht, groß oder schwach macht. (...)

a. Es ist recht so, und wir müssen dankbar sein, wenn unsere Liebe so groß ist, daß sie alle Anfälle des Trieblebens wenigstens kraftvoll überwindet, aber die Gabe der Weisheit gibt dieser Liebe eine ungemein *zarte Innigkeit*. Verstehen Sie, was das besagt? Dann ist das selbstverständlich, dann bringe ich das nicht mehr fertig, rein natürlich zu lieben, sondern die ganze Inbrunst meines Herzens richtet sich auf Gott. Und es ist nicht so, als wenn ich einen Menschen nicht mehr gern hätte. Diese Dinge versteht man bloß, wenn der liebe Gott sie der Seele gezeigt. Es ist etwas Eigenartiges: Ich habe natürliche Freude und doch nur Freude an Gott, nur Freude, wenn Gottes Wille erfüllt ist. Wenn ich sage, rein natürliche Freude gibt es da nicht mehr, so ist es auch wieder nicht richtig gesagt; Gott will auch, daß ich Freude an natürlichen Dingen habe. Aber unter dem Einfluß der Gabe der Weisheit fängt die Seele an zu verstehen, was das heißt: Omnia uni (Alles dem Einen)! Das ist eine große Innigkeit meiner Liebe, die letzten Endes gebunden ist an Gott und um Gottes willen auch an die Geschöpfe. Dann bringe ich es fertig, bei aller Nähe zu den Geschöpfen eine endlose Ferne festzuhalten, dann mag auch körperliche Nähe die Ferne nicht stören und körperliche Ferne die seelische Nähe nicht hindern. Das sind Meisterstücke, die in der Werkstatt des Heiligen Geistes getätigt werden.

Umgekehrt: Brauchen wir, wenn wir den übernatürlichen Wirklichkeitssinn haben, auch diese Verwurzelung im *Herzen* Gottes? Zweifellos! Der Dogmatiker spricht deswegen vom pius credibilitatis affectus (Geneigtheit zum Glauben). Er ist so klug, daß er eine Wurzel des Glaubens auch hineinsinken läßt in das Gemüt. Dieser pius affectus ist es, der durch Liebe genährt wird. Dann wird der göttliche Instinkt, der Wirklichkeitssinn so stark, daß früher oder später die anderen Erkenntnisquellen nur nebensächlicher Natur sind. So verstehen wir, was es heißt: "Iustus autem meus ex fide vivit" (Gal 3,11). Aus dem Glauben, aus diesem Glaubenssinn, aus diesem übernatürlichen Sinn und Instinkt lebt der Gerechte.

b) Eine zweite Eigenschaft, die die Seele durch die Gabe des Heiligen Geistes bekommt, ist eine *Stetigkeit* und *Beständigkeit.* Jetzt denken wir an unsere eigene Entwicklung. Da müssen wir Ebbe und Flut konstatieren. Ich muß sagen: Meine Güte, wie bin ich weit davon entfernt, stetig, beständig zu lieben.

Sie dürfen nicht vergessen, daß das eingegossene Licht, auch die Beschauungsgnade, nicht bloß ein beseligendes, sondern auch ein verzehrendes Licht ist. Hören Sie den Ausdruck: Dasselbe Licht der Beschauung ist beides gleichzeitig, es ist beseligend und beglückend, aber auch verzehrend. So dürfen Sie nicht diese oft jahrelange Ausgedörrtheit Ihres Empfindungslebens übersehen. Wer macht das nicht mit? Der eine in jungen Jahren, der andere später, jeder muß es einmal mitmachen. Wer es nicht mitgemacht hat, darf nicht hoffen, daß Gottes Geist ihn trägt. Sicher, der Herrgott ist frei, aber er führt die Seele doch nach bestimmten Gesetzmäßigkeiten. Wir müssen das Ausgedörrtsein einmal durchmachen. Wir werden das nachher noch besser verstehen, wenn ich von der Gnade der Wandlung und Verwandlung ein paar Worte sage.

Aber sehen Sie, bei dieser Beständigkeit der Liebe und souveränen Festigkeit ist der lebendige Gott der Magnet, ich bin so magnetisiert, daß ich immer angezogen werde. Sicherlich, da sind andere Gegenstände, die ziehen auch an, aber ich bin so ergriffen vom lebendigen Gott – nicht so, als wenn Fehler nicht möglich wären –, der Magnet hat mich so angezogen, daß ich liebend auch dort bei Gott sein kann, wo meine Aufmerksamkeit von anderen Dingen aufgesogen wird.

Nicht wahr, wie haben wir, als wir jung waren, Sehnsucht gehabt nach dem dauernden Liebesverkehr mit Gott! Und wieviel Klimmzüge haben wir gemacht! Wir sind vielleicht krank geworden. Wir haben vergessen, daß wir unsererseits für diesen steten Liebesverkehr mit Gott uns nur dadurch einigermaßen vorbereiten können, daß wir den aktiven Wandel mit Gott maßvoll pflegen. Das andere ist Gnade, das muß der liebe Gott uns geben durch die Gaben des Heiligen Geistes.

3. Damit ist an sich die dritte Wirkung der Gabe der Weisheit genügend vorbereitet. Natürlich muß ich gleich beifügen, ich reiße auseinander, was im praktischen Leben eine Einheit ist. Was ist die dritte Wirkung? Das ist die Gnade der *Wandlung*. Das ist das, was man sonst die Trans-

formatio in Deum, in Christum (Verwandlung in Gott, in Christus) nennt. Der Heilige Geist benutzt hier meistens zwei Mittel, die auf die Dauer außerordentlich schwer zu tragen sind. Es hat den Anschein – was ich eben sagte –, als wenn eine Seele, die so vom Heiligen Geist geführt wird, ständig Hochzeit feiert. So ist das nicht, das ist nur die eine Seite. Die Seele hat nicht ständig Hochzeit.

a) Da kommt zunächst das eine furchtbar hart und herb anmutende Mittel, die *Erdrosselung* – ich kann es nicht besser ausdrücken – oder die Vernichtung aller rein natürlichen Affekte. Da habe ich an gar nichts mehr rein natürliche Freude. Und das kann jahrelang dauern, diese Kerkerhaft.

Mich dünkt, heute müssen wir alle damit rechnen, wenn wir die ganze Heilsordnung auf uns wirken lassen. Wir heutigen Menschen müssen damit rechnen. Wir bringen sowieso die Disposition für ein ständiges Ausgedörrtsein mit, weil unsere seelischen Fähigkeiten nicht mehr das entsprechende Volumen haben. Es ist so, als müßten wir fast gestehen, es ist ein gewaltiges Defizit in all unseren Fähigkeiten zu konstatieren.

Deswegen machen wir heute durchweg viel früher, länger und schneller derartige Zustände durch. Der Herrgott benutzt die Zeit, unsere heutige Situation, um uns zu geben, was vonnöten ist. Was ist vonnöten? Wenn irgendein Mensch den Heiligen Geist vonnöten hat, so der heutige Mensch, der stark hineingeworfen ist in die Kloaken des heutigen Lebens.

Unter dem Einfluß der Gabe des Heiligen Geistes wird das erst verwirklicht, was ich eben sagte, dann habe ich an nichts rein Natürlichem mehr Freude, auch nicht an den Dingen, für die ich eine Lieblingsneigung hatte. Es ist gleichsam, als wenn das alles ausgedörrt wäre. Erst wenn alle Freude an rein Natürlichem erstorben ist – das ist das eine –, kann der Heilige Geist kommen.

b) Und zweitens, wenn eine vollkommene *Indifferenz* in mir lebendig ist gegen Ehre oder gegen Verachtung – nicht als wenn die Seele in irgendeiner Weise das nicht spüren würde –, dann kann der Heilige Geist kommen. Dann ist die Seele vorbereitet. Dann ist der Begriff Werkzeug ein vollendeter, dann lenkt und leitet er, nicht mehr *ich* führe mich. "Es kommt einmal die Zeit" – wir kennen das Wort an Petrus – "da ist es jemand anders, der dich führt. Jetzt gehst du hin, wohin *du* willst ..." (vgl. Joh 21,18).

Sehen Sie, da wird das ganze innere Leben, das Affektleben, da werden alle unsere inneren Fähigkeiten gleichsam in Besitz genommen von Gott selber. Da ist es wirklich Gott, Christus, der in uns lebt und denkt, nicht bloß abstrakt, sondern auch gesinnungs- und lebensgemäß in relativ vollendeter Weise. Er lenkt und leitet unseren Verstand. Er ist es, der in uns denkt, das ist der Geist Gottes, der Heilige Geist. Connaturalitas, congenialitas! Gleichschaltung! Meine inneren Fähigkeiten sind dann gleichgeschaltet der übernatürlichen Wirklichkeit, in der der dreifaltige Gott, der Heilige Geist herrscht und triumphiert. Er lenkt und leitet unsere äußeren Handlungen. Und dann ist der Mensch, soweit das hier auf Erden möglich ist, fertig. Das ist der Sinn des sensus fidei, des übernatürlichen Wirklichkeits- und Spürsinns. Darum erneut: "Emitte Spiritum tuum ...!"

J. Kentenich, aus:
Delegiertentagung der Schönstattfamilie, 16.-20.10.1950

Die Gnade der Beschauung

Sehnsucht nach dem Heiligen Geist und seinen Gaben

Damit nennen wir den dritten Bestandteil unserer Vorbereitung auf die Beschauungsgnade. Vor seiner Himmelfahrt beauftragte der Heiland seine Getreuen, sich in die Einsamkeit des Coenaculum (Obergemach, vgl. Apg 1,13) zurückzuziehen und dort den Heiligen Geist und seine Gaben abzuwarten (vgl. Lk 24,49). Pfingsten kam der Heiligmacher über die junge Kirche unter dem Symbol der feurigen Zungen und Sturmesgebraus und hat feige Jünger- und Apostelseelen innerlich umgestaltet zu einer neuen Kreatur.

Unser Manresa(Schönstatt)–Offizium stellt diese Umwandlung fest und hebt die Wirksamkeit der Gottesmutter im Coenaculum hervor:

> "Dort hast der Kirche du den Geist erbeten,
> der sie befreite von der Halbheit Nöten,
> der sie in Christi Lehre eingeführt,
> Apostel-, Martergeist in ihr geschürt" (HW 54,2).

Dieselbe Wirksamkeit will der Heilige Geist auch heute noch entfalten. Er will durch seine Gaben die Liebe zur höchsten Vollkommenheit bringen und sich in gesteigertem Apostel- und Martergeist auswirken lassen. (...)

Auch die nüchternste Überprüfung der Situation, wie die Heilige Schrift sie darstellt, entschleiert eine an sich unfaßbare innere und äußere Wandlung der Jünger- und Apostelschar. Man beachte nur, wieviel Menschliches, Allzumenschliches vor dem Pfingstwunder an den einzelnen haftete. Sie waren feige und furchtsam, maßen und werteten Dinge und Ereignisse trotz des langen Zusammenseins mit dem Heiland allzu sehr nach irdischen Maßstäben. So baten sie bei Gelegenheit den Meister, er möchte Feuer herabregnen lassen über die Gegenden, die ihn und seine Lehre von sich wiesen (vgl. Lk 9,54).

Nach dem Pfingstwunder ist ihre Liebe so groß und lohend geworden, daß sie sich augenscheinlich in vorzüglichem Apostel- und Martyrergeist auswirkt. Sie treten mutig auf, gehen in die Öffentlichkeit, um Zeugnis von Christus abzulegen, segnen, wo man sie schmäht, lassen sich mißhandeln und geißeln und sind stolz, für Christi Namen etwas leiden zu können. Als große Auszeichnung werten und empfinden sie es, mit dem Welterlöser eines blutigen Todes sterben zu dürfen. Kurz, sie leben in einer ganz anderen Welt mit anderer Dynamik und anderen Wertmaßstäben. Es ist die Welt des ausgeprägtesten übernatürlichen Glaubens und Liebens, in der sie vollkommen heimisch geworden.

Wir lassen es dahingestellt sein, ob und wieweit eine solche offensichtliche Umwandlung nur mit der Beschauungsgnade verknüpft ist. Auf jeden Fall aber erwarten wir eine ähnliche Wandlung durch die Fürbitte der Gottesmutter in unserem Coenaculum:

> "So willst in unserm Heiligtum du werken:
> Das Glaubensauge in uns Schwachen stärken,
> daß wir das Leben sehn in Gottes Sicht
> und wandeln allezeit im Himmelslicht" (HW 54,3).

Aus dem Zusammenhang mit dem Coenaculum ergibt sich, daß mit der Stärkung des Glaubensauges die Gabe des Verstandes und mit dem Himmelslicht, das uns allzeit neu wandeln läßt, die Gabe der Weisheit gemeint ist. Wie wir später sehen, vervollkommnen beide in ihrer Art, d.h. in göttlicher, übermenschlicher Weise, die göttlichen Tugenden des Glaubens und der Liebe. Das kann – je nachdem – auch geschehen durch ein eingegossenes Licht und die eingegossene Liebe, wie es in der Beschauungsgnade zu geschehen pflegt. Die Ausdrücke: Stärkung des Glaubensauges, Sehen des Lebens in göttlicher Sicht, Wandeln im Himmelslicht sind so allgemein geformt, daß sie auch auf das eingegossene Licht und die eingegossene Liebe angewandt werden können.

In der dritten Strophe unseres Vespergebetes bitten wir:

"Laß mich in diesem Lichte gläubig sehen,
wie Vaters Lieb' zur Seit' mir heut wollt' gehen:
Für Gaben, die sie schenkte ohne Maß,
sei Sendungstreu' das Deo gratias" (HW 54,4).

Unter "Gaben", wie sie hier gemeint sind, ist ein doppeltes zu verstehen: Man darf sich zunächst dabei erinnern ganz allgemein an die während des Tages erfahrenen Erbarmungen Gottes und sich dadurch anregen lassen zu dem uns geläufigen Nachprüfen und Nachkosten göttlicher Erbarmungen. Aus dem Zusammenhange ergibt sich aber auch, daß hier Gaben im eigentlichen Sinne des Wortes, will heißen, Gaben des Heiligen Geistes gemeint sind. Wem Gott die Gnade der Beschauung geschenkt hat, der darf und wird auch in der Sext die aus grenzenloser Güte ihm zuteil gewordene seelische Höhenlage wiederfinden:

"Hoch steht und strahlt die Sonne im Zenit:
Wir sammeln in Bethanien das Gemüt.

Heißhungrig hast empfangend du genommen,
was aus des Herren Herz und Mund gekommen,
und wurdest Meister der Beschaulichkeit,
Gott ausgeliefert voller Innigkeit" (HW 52,1.2).

Hier wird der Gottesmutter ganz allgemein die Gnade der Beschauung zugesprochen. Das Wort "Beschaulichkeit" ist im Sinne von Beschauung zu deuten. Die zweite und dritte Strophe sind jedoch so weit gefaßt, daß man in ihnen zwar die Beschauungsgnade wiederfinden kann, aber nicht muß. Wir wollen den Text besinnlich auf uns wirken lassen. Die zweite Strophe lautet:

> "So willst in deinem Heiligtum du bilden
> ein Beterheer auf öden Weltgefilden,
> uns führen zu der Liebe höchsten Höhn,
> daß wir im Kampf dir treu zur Seite stehn" (HW 52,3)

Wer der Überzeugung ist, daß der Liebe höchste Höhen nur erreichbar sind durch die Beschauungsgnade, wird und darf das Wort in diesem Sinne fassen. Aber auch anders geartete Auffassung darf sich darin wiederfinden. In der dritten Strophe bitten wir:

> "Laß den Gebetsgeist mehr und mehr uns lernen,
> heb meinen Geist stets zu des Himmels Sternen,
> laß mich die Christussonne allzeit schaun,
> auf sie in allen Lebenslagen baun" (HW S. 52).

Die erste Zeile weist nach beiden Auffassungen auf einen vormystischen Zustand hin. Die drei folgenden können – je nachdem der Standpunkt ist, den man einnimmt – mystisch und nicht mystisch gedeutet werden. Ähnliches gilt von der Terz.(...)

Wir beten in unserem Offizium zur Terz:

> "Dein Heiligtum strahlt aus in unsere Zeit
> der Taborsonne Glanz und Herrlichkeit.

Wo sich die Christussonne hell entschleiert,
wie einst auf Tabor Siegeszüge feiert,
da ist es gut sein wie im Paradies,
weil sich der Heilige Geist dort niederließ." (HW S. 51)

Die Strophe erinnert uns an einen bekannten Text der Gründungsurkunde: "(...)Alle, die hierher kommen, um zu beten, sollen die Herrlichkeiten Mariens erfahren und bekennen: Hier ist wohl sein. Hier wollen wir Hütten bauen, hier soll unser Lieblingsplätzchen sein! (S. 24)(...) Als Petrus die Herrlichkeit Gottes auf Tabor gesehen, rief er entzückt aus: Hier ist wohl sein. Lasset uns hier drei Hütten bauen! Dieses Wort kommt mir wieder und wieder in den Sinn. Und des öfteren schon habe ich mich gefragt: Wäre es nun nicht möglich, daß unser Kongregationskapellchen zugleich unser Tabor würde, auf dem sich die Herrlichkeit Mariens offenbarte ..." (S. 23).

Der Vers bringt uns aber auch zum Bewußtsein, daß Christus nur dort sein volles Licht und seine Kraft entfalten kann, wo der Heilige Geist mit seinen Gaben in göttlicher, übermenschlicher Weise hervorragend tätig ist. So ist das Wort zu deuten: "Da ist es gut sein wie im Paradies, weil sich der Heilige Geist dort niederließ." Die Gottesmutter war nicht mit den Aposteln auf Tabor, hat aber im hellen Lichte des Glaubens – nicht wenige Geisteslehrer sagen: im Lichte der Beschauungsgnade – die Herrlichkeit des Eingeborenen voll der Gnade und Wahrheit fortschreitend sich entschleiern sehen dürfen.

Der "Hirtenspiegel" macht darauf aufmerksam, daß das besonders geschehen ist bei Gelegenheit von tieferen Einschnitten in ihr Leben – wie bei der Verkündigung und Geburt und unter dem Kreuze. Nicht vergessen sei Kana, wo der Herr auf ihre Bitte das erste Wunder wirkte. So hat Tabor während ihres Zusammenlebens und -wirkens mit Christus nicht auf einmal, sondern stückweise in wachsendem Maße sein Licht über ihr Leben ausgegossen.

> "Vom Sonnenglanze Tabors ganz umgeben
> als das Gefäß, dem Heiligen Geist ergeben:
> So wirkst in Schönstatt du als Mittlerin,
> führst uns zum Heiligen Geiste gnädig hin"(HW S.51).

Der Sonnenglanz Tabors ist Christus, von dem die Gottesmutter wie von einer Sonne umgeben ist. Die Apokalypse schreibt: "Und ein großes Zeichen erschien am Himmel: Ein Weib, mit der Sonne umkleidet und den Mond unter seinen Füßen und auf seinem Haupte einen Kranz von zwölf Sternen" (Offb 12,1). Gleich darauf wird das Gegenbild gezeichnet: "Und ein anderes Zeichen erschien am Himmel. Siehe, ein Drache, feuerrot, gewaltig, mit sieben Köpfen und zehn Hörnern und auf seinen Köpfen sieben Kronen, und sein Schweif fegte den dritten Teil der Sterne des Himmels weg und warf sie auf die Erde. Und der Drache stellte sich vor das Weib, das gebären sollte, damit er, wenn sie geboren hätte, ihr Kind verschlinge" (Offb 12,3f). Die beiden Zeichen sind unschwer zu verstehen. Durch sie fällt helles Licht auf den ersten Vers: "Vom Sonnenglanze Tabors ganz umgeben..." Der zweite Vers macht darauf aufmerksam, daß die Gottesmutter von der Christussonne, die sich auf Tabor für kurze Zeit den leiblichen Augen der Apostel sichtbar machte, umgeben ist, weil sie – vom Heiligen Geiste überschattet – schlechthin das vas spirituale, habitaculum, tabernaculum Spiritus Sancti (das geistliche Gefäß, die Wohnung, der Tabernakel des Heiligen Geistes) ist. So steht sie da: "als Gefäß, dem Heiligen Geist ergeben".

Wie sie, dem Wunsch des Heilandes entsprechend, die Apostel- und Jüngerschar und in ihnen die junge Kirche zum Heiligen Geiste führte und sich so erneut im Coenaculum als Gnadenmittlerin erwies, so ist sie auch heute noch wirksam: "So wirkst in Schönstatt du als Mittlerin, führst uns zum Heiligen Geiste gnädig hin." Darum der Fleh- und Sehnsuchtsruf und die Bitte:

"Mach uns von Christi Geiste tief durchdrungen,
schenk reichlich uns beredte Liebeszungen,
daß durch uns strahlet Christi Herrlichkeit
gleich dir als Spiegel der Gerechtigkeit"(HW S. 51).

Die einzelnen Verse sind nicht schwer zu verstehen. "Mach uns von Christi Geiste tief durchdrungen." Als Christi Geist ist der Heilige Geist anzusehen, den wir mit seiner Gaben Siebenzahl in der heiligen Taufe empfangen haben. Hier bitten wir um vollendete Hingabe an ihn und seine Wirksamkeit: "Schenk reichlich uns beredte Liebeszungen." Unter "beredten Liebeszungen" verstehe man eine hochgradige affektive und effektive Liebe, die uns die allgemeine Gnadenvermittlerin schenken, d.h. von Gottes Geist der Liebe erflehen soll. Die Liebe soll nicht nur affektiv sein, sondern auch effektiv. Deswegen das Bild von den Zungen. Hochgradig soll sie sein, darum werden die Liebeszungen "beredt" genannt. Wirkkraft der Liebe soll sich auswirken durch das Wort. Deshalb spricht der Text von Zungen. Sie soll aber auch in hervorragendem Maße lebendig werden durch das Sein. Darauf weist der folgende Vers hin: "daß durch uns strahle Christi Herrlichkeit." Wir möchten Transparente Christi, lebendige Christuserscheinungen werden.

Damit sind wir aber noch nicht zufrieden. Wir sehnen uns danach, die Strahlen gottmenschlicher Herrlichkeit, die von der Sonne der Gerechtigkeit ausgehen, so aufzufangen und in die Welt hinauszustrahlen, wie es die Gottesmutter, der Spiegel der Gerechtigkeit, tut. Wir möchten auch Marienerscheinungen sein. Der alter Christus (andere Christus) und die altera Maria (andere Maria) sind für uns dasselbe: "daß durch uns strahlet Christi Herrlichkeit gleich Dir als Spiegel der Gerechtigkeit." Hochgradige affektive und effektive Liebe und Christus- und Marienähnlichkeit stehen auf einer Stufe; sie sind die konkrete Form heroischer Heiligkeit. Die Form: "mach uns ..." enthält beides: eine Bitte und einen Flehruf. Alles, was wir vom Bittgebet bereits wissen, soll in dem Wort mitklingen, aber auch alles, was Gottes- und Geistesgelehrte von der Bedeutung der Sehnsucht zu sagen und der "Hirtenspiegel" zu singen wissen, dürfen wir hier wiederholen, um uns anregen zu lassen, den dritten Bestandteil unserer Vorbereitung auf die Beschauungsgnade: Sehnsucht nach dem Heiligen Geist und seinen Gaben und dadurch Sehnsucht nach heroischer Liebe recht ernst zu nehmen.

J. Kentenich, aus:
Studie aus dem Konzentrationslager Dachau, 1944

Heroische Kindlichkeit –
die Spitzenleistung des Heiligen Geistes

Kindlichkeit ist Genialität. (...) Unter dem Einfluß der Gaben des Heiligen Geistes stehen ist gleichbedeutend mit religiöser einzigartiger Genialität; das ist das religiös-sittliche Genie, das vom Heiligen Geiste so ganz und gar getragen wird. Und ist nicht die Kindlichkeit schlechthin *die* Spitzenleistung des Heiligen Geistes durch seine Gaben? Also würden wir und müßten wir sehr gut verstehen, daß Kindlichkeit tatsächlich Genialität ist oder, wenn Sie wollen, heroische Heiligkeit.

J. Kentenich, aus:
Exerzitien für die Patres der Missionsgesellschaft Bethlehem in Immensee (Schweiz), 1937

Heroismus des Glaubens

*Heiliger Geist,
du bist die Seele meiner Seele.
Ich bete dich demütig an.
Erleuchte du mich, stärke du mich,
führe du mich, tröste du mich.
Entschleiere mir, soweit es dem Plane
des ewigen Vatergottes entspricht,
entschleiere mir deine Wünsche.
Laß mich erkennen,
was die ewige Liebe von mir wünscht.
Laß mich erkennen, was ich tun soll.
Laß mich erkennen, was ich leiden soll.
Laß mich erkennen, was ich still bescheiden,
besinnlich aufnehmen, tragen und ertragen soll.
Ja, Heiliger Geist, laß mich deinen Willen
und den Willen des Vaters erkennen.
Denn mein ganzes Leben will weiter nichts sein
als ein dauerndes, ein immerwährendes Ja
zu den Wünschen, zum Wollen
des ewigen Vatergottes.*

J. Kentenich, vgl. auch Kardinal D. Mercier

Glasfenster in Santa Maria, Brasilien

Übernatürlicher Wirklichkeitssinn

Es ist eine eminente Triebkraft im göttlichen Leben, das in Christus und in der Gottesmutter lebendig geworden ist. Diese Triebkraft drängt von innen heraus zur Entfaltung, die aber einerseits mitbestimmt wird durch die Anlage, durch die Struktur des Menschen, andererseits durch die Zeitbedürfnisse. Und die Quelle, aus der wir diese Entwicklung kennen und erkennen dürfen, ist der Glaubenssinn, der sensus fidei, der Glaubensgeist, der ständig in der Kirche wirksam ist und der uns auch mit einer gewissen übernatürlichen Instinktsicherheit sagt, daß die Entwicklung nach der oder jener Richtung – ob es sich um die Entwicklung des Christusbildes, des Marienbildes handelt – vom Heiligen Geiste getätigt ist.

a) Den Glaubenssinn, den sensus fidei, können wir auch den *übernatürlichen Wirklichkeitssinn* nennen. Ein Gespür für die übernatürlichen Wirklichkeiten hat der Herrgott uns damit gegeben, eine Fähigkeit, richtig zu greifen, was in der übernatürlichen Welt existiert, was besonders vom lebendigen Gott hervorgehoben werden will. Dieser übernatürliche Wirklichkeitssinn ist gleichbedeutend – nun müssen wir wieder achtgeben – mit dem habitus fidei (der Gnade des Glaubens), der eine Vervollkommnung erreicht durch die Gaben des Heiligen Geistes, vor allem durch die drei Gaben, die den Glauben vervollkommnen, die Gabe der Weisheit, der Wissenschaft und die Gabe des Verstandes. Sehen Sie, der Heilige Geist ist es also, der den übernatürlichen Wirklichkeitssinn in uns entfaltet und stärkt, der unserem Geist Zeugnis ablegt, der uns eine gewisse connaturalitas, congenialitas, eine Gleichschaltung mit dieser übernatürlichen Wirklichkeit schenkt. Das ist ein Tastsinn, wir greifen, was in der übernatürlichen Wirklichkeit existiert. Wer schenkt uns das? Der Heilige Geist!

Wir stehen auf einer Höhenlage. Jetzt wäre es Zeit, länger stehenzubleiben bei den Gaben des Heiligen Geistes, zumal bei den drei genannten Gaben.

Wollen wir den ausgeprägten Glaubenssinn haben, dann muß unser Heiligtum sich als Coenaculum bewähren, dann muß das Vas Spirituale, die Gottesmutter, das geistliche Gefäß, uns den Heiligen Geist erflehen mit seinen Gaben, zumal mit den Gaben der Weisheit, der Wissenschaft und des Verstandes. Nehmen Sie das bitte ernst. Jetzt wende ich mich an unsere Verbände, Priesterverbände, Frauenverbände. Haken Sie hier ein, studieren Sie die Gaben! Dann dürfen wir hoffen und erwarten, daß die Gottesmutter uns den Heiligen Geist, zumal mit diesen drei Gaben, vermittelt. Und bitten wir die Gottesmutter: "Bitte für uns, heilige Gottesgebärerin, damit wir würdig werden der Verheißungen Christi!" Was hat er uns verheißen? "Ich werde euch einen anderen Tröster senden ..." (Joh 14,16). Was hat er uns verheißen? Den Heiligen Geist! Hören Sie: "Sie haben keinen Wein mehr" (Joh 2,3). Möge es uns glücken, ein *Liebesbündnis mit dem Heiligen Geist* einzugehen, dann bekommen wir den übernatürlichen Wirklichkeits- und Spürsinn.

b) Auf eines darf ich aufmerksam machen, wir tun es mit großer Demut und Dankbarkeit. Wenn wir zurückschauen in die *Geschichte der Familie,* müssen wir gestehen, der übernatürliche Wirklichkeitssinn war bisher in ganz ausgeprägter Weise nachweisbar vorhanden. (...)

Übernatürlicher Wirklichkeitssinn! Ich kann die übernatürliche Wirklichkeit ja nicht greifen, nicht mit natürlichen Maßstäben messen. Da sind wir hineingewachsen in eine Welt, in eine Wirklichkeit, da sehen wir Dinge, die andere nicht sehen. Soll ich sagen, wir sind in gewissem Sinn "Spökenkieker"? Wir entschließen uns zu Entschlüssen, zu deren Durchführung andere sich nicht entschließen. Es ist wie auf spitzen Bergen, wo man fürchten muß, in einem Augenblick bricht alles zusammen. Das ist eben die Frage: Wo haben wir die *Kontrolle für die Echtheit des übernatürlichen Witterungssinnes?* Ist das der übernatürliche Spürsinn, die katholische Nase, der katholische Witterungssinn, der hier Pate gestanden? Was ist das alles? Und wer hat hier das Regulativ zu geben? Die Antwort kennen wir: Das ist das *kirchliche Lehramt,* das letzten Endes zu entscheiden hat, ob es übernatürlicher Wirklichkeitssinn gewesen oder Phantasterei. Das kirchliche Lehramt wird von dem Beistand, von der Mithilfe des Heiligen Geistes gelenkt. Der Heiland hat ja versprochen, daß er den Heiligen Geist senden würde, der ständig in der Kirche weilen und die Kirche in alles einführen wolle, was er gesagt, in das göttliche Leben und in die Entfaltungsgesetze des göttlichen Lebens.

Wollen Sie einen Augenblick innehalten, um Ehrfurcht zu bekommen vor unserer Bündnispartnerin. Sehen Sie, wer in Gott und aus Gott ist, wer sich der Gottesmutter hingibt, hat immer einen gesunden, übernatürlichen Wirklichkeitssinn. Die Zukunft mag zeigen, ob der Herrgott dahinter gesteckt. Denken Sie, was war das für ein übernatürlicher Spürsinn, der uns veranlaßte, 1914 das *Liebesbündnis* mit der lieben Gottesmutter zu schließen! War das übernatürlicher Wirklichkeitssinn? Das ist die große Frage. Soweit die Kirche ein Wort darüber zu sprechen hatte, hat sie es ja getan; sie hat es dadurch getan, daß sie unser Heiligtum, wie es ist, reichlich mit Ablässen versehen hat. Somit hat sie ein Ja gesagt. Das war übernatürlicher Wirklichkeitssinn.

Denken Sie an die großen Ziele, die wir verfolgt haben, meist längst voraus der Entwicklung der Gesamtkirche. Wenn Sie wollen, denken Sie an die große Aufgabe vom

Laienapostolat. Da könnte ich Ihnen erzählen, was das für Schwierigkeiten in der Kirche gegeben hat. Und nachher kommt die Kirche und setzt das Siegel darauf durch die Proklamation der Katholischen Aktion. Sind wir getragen, getrieben worden vom sensus fidei? War das der katholische Wirklichkeitssinn? Das ist die große Frage.

Denken Sie an die *Instituta Saecularia* (Säkularinstitute), eigenartige Gebilde, der Zeit weit voraus. Kaum existieren wir, da ringen wir um diese Idee. Als es hart auf hart geht, kommt die Kirche und legitimiert das.

Auf eigenartige Weise ist 1941 bei uns, die wir dogmatisch nüchtern sind, die *Weihe* an das Herz der lieben Gottesmutter lebendig geworden. Aus ganz anderen Quellen trinkend, hat die Öffentlichkeit das gleiche getan. Denken Sie an Fatima, an den Heiligen Vater, an die Weltweihe an das Unbefleckte Herz Mariens. Eine ganz originelle Entwicklung! Kaum sind wir fertig mit der Inscriptio, das ist ja eine Herzensverschmelzung, eine Weihe an das Herz der Gottesmutter, da geht die Kirche hin und legitimiert das alles. Verstehen Sie, was das bedeutet? Wollen wir deswegen nicht ein Standesbewußtsein in uns großziehen, die Überzeugung: Es war alles gewagt, was wir getan, und doch vom übernatürlichen Glaubenssinn getragen. Das ist ein ständiges Schreiten auf einer ganz gefährlichen Spitze, was wir gewagt.

Woher das kam? Das ist kein hysterisches Nachtwandeln, nein, nein, das ist der göttliche Wirklichkeitssinn, der hier lebendig gewesen ist.

J. Kentenich, aus:
Delegiertentagung der Schönstattfamilie, 16.-20.10.1950

Sympathie für Gott

Der Glaubensgeist schenkt uns eine eigenartige Sympathie für den lieben Gott. Was heißt das: *Sympathie haben für den lieben Gott?* (...) Wenn ich Sympathie für einen Menschen habe, dann ist es selbstverständlich, das Herz fliegt ihm zu. Wenn ich Sympathie für einen Menschen habe, dann nehme ich auch gerne an, was von ihm kommt. Sympathie für den lieben Gott haben, heißt, den lieben Gott immer rechtfertigen. Was heißt das: ihn rechtfertigen? Wenn er mir Leid schickt – ohne Sympathie für den lieben Gott werde ich ihn zunächst hinter dem Leid kaum in entsprechender Weise innewerden. Sympathie haben für den lieben Gott! Wenn ich die nicht habe, wie häufig verstehe ich ihn dann nicht. Deswegen pflegt man wohl gerne auch zu sagen, nur das Herz gibt uns die Fähigkeit, in der natürlichen Ebene Menschen zu verstehen; nur die Sympathie für den lieben Gott gibt uns die Fähigkeit, ihn zu verstehen, seine Gegenwart innezuwerden zu verstehen auch die Art und Weise, wie er mich formt, wie er mich gestaltet. Und das sind Dinge, die früher oder später uns alle anfallen, daß wir den lieben Gott nicht mehr so recht verstehen ob all des Leids, des Kreuzes, der Enttäuschungen, die er uns auflädt. Nur wo diese Sympathie im Herzen ist, ist das möglich.

Was wir deshalb tun sollten? *Die Gaben des Heiligen Geistes erbetteln;* also jetzt nicht immer meinen, daß muß ich durch Übung tun. Nicht immer meinen, ich muß durch Akte das tun. Nein, der Heilige Geist muß das alles in uns tun. Deswegen bitten um die Gaben des Heiligen Geistes. Witterungssinn haben, Gott überall wittern, Sympathie für den lieben Gott haben! Es gibt viele Dinge, die kann ich so oder so erklären. Die kann ich erklären durch natürliche Verhältnisse. Der Heilige Geist aber ist es, so sagt uns Paulus, der mit unaussprechlichen Seufzern in uns spricht: Abba, Vater (vgl. Röm 8,15)! Ich sehe also überall den Vater, wenn der Heilige Geist in mir wirksam ist. Und meine Reaktion? Weil ich Sympathie habe, von ihm entzündet bin für den lieben Gott, deswegen immer das "Abba, ja Vater, ja, dein Wille stets geschehe!", während in anderen Situationen unseres Lebens wir den lieben Gott nur mit Mühe hinter all diesen Dingen wittern. Und wenn wir den Gedanken daran haben, können wir ihn nicht verstehen, schütteln den Kopf, möchten lieber nein sagen, uns abkehren vom lieben Gott.

Dasselbe gilt – es sei das ein anderer Ausdruck –, wenn wir sagen: Wir werden in allen Situationen immer *Partei ergreifen für den lieben Gott*. Also zunächst: Sympathie haben für ihn, Witterungssinn haben, ihn überall wittern, aber auch Partei ergreifen für ihn. Was heißt das, Partei ergreifen für ihn? Ist derselbe Gedanke, nur in andere Form gekleidet, daß wir den lieben Gott tatsächlich hinter allem sehen und ihn und seine Wünsche neu in uns aufnehmen. So kommen wir erst dazu, gottergriffene Menschen zu werden, gottinnige Menschen zu werden, weltüberwindende Menschen zu werden. So kommen wir erst dazu – ich meine, jetzt könnten wir ständig mit Ausdrücken spielen –, gottselige Menschen zu werden und die Weltseligkeit zu überwinden. Verstehen Sie, was das alles heißt? Im Kerne stehen wir ja alle ständig in Gefahr heute, weltselig zu werden, also das Gesetz oder die Funktion der geschaffenen Dinge unter dem Gesichtspunkte der Enttäuschungsfunktion ganz zu übersehen. Wir wollen darum nicht zu viel erwarten, weder von unseren Übungen noch von der gegenseitigen Entzündung, wenn nicht der Heilige Geist letzten Endes uns alle ergreift und unser Herz, unser kaltes Herz, immer wieder warm macht, entzündet für Gott und das Göttliche.
J. Kentenich, aus:
Exerzitien für Frauen von Schönstatt, 1967

Einsprechungen des Heiligen Geistes

Wie kann ich denn auf dem normalen, gewöhnlichen Wege erkennen, was ich am Leibe Christi in konkretester, individueller Weise zu verkörpern habe? (...) Ich will nur drei Worte sagen und Sie dann bitten, sie genauer durchzudenken. Was muß ich befragen?

Zeit, Seele, Sein.

Ich muß also an diese drei Adressaten meine Frage richten.

Erstens: Was verlangt die *Zeit* von mir?
Es ist Johannes XXIII., der einmal das schöne Wort geprägt hat: Vieles, was in der Heiligen Schrift steht, ist und bleibt geheimnisvoll. Wollen wir es richtig deuten, dann müssen wir die Zeit fragen.
Was will das heißen? Der liebe Gott spricht auch durch die Zeit, durch die Zeitlage.
Ein geistreicher Franzose hat das Wort geprägt: Zeitverhältnisse, Zeitströmungen sind Lehrmeister. Über was belehrt uns denn die Zeit? Über das, was der liebe Gott durch die Zeit von mir verlangt. (...)

Zweitens: Die *Seele* befragen! Was heißt das? Die individuellen Anregungen des Heiligen Geistes befragen. Ein alter, weiser Theologe aus dem vierten Jahrhundert hat einmal das schöne Wort geprägt: Was in der Seele des Christen als Christ vor sich geht, das ist das Atmen des Heiligen Geistes. Damit berühren wir natürlich nun Sachverhalte, die der heutige, moderne Mensch kaum mehr beachtet. Das ist eben die Unterscheidung der Geister. "Der Heilige Geist spricht in unserer Seele mit unaussprechlichen Seufzern" (Röm 8,26). Das will praktisch sagen:

Wenn wir mit dem lieben Gott verkehren, wenn wir auf das hören, was er in uns spricht, dann müssen wir nicht selten sagen: Das Gebet weiß, was der liebe Gott von uns will, ehe wir es wissen. Was das besagt? Im Gebete erhalten wir vielfach solche Anregungen, ahnen, sehen vielfach instinktmäßig Zusammenhänge, Absichten Gottes, die wir nur langsam ins volle Bewußtsein kommen lassen können. Sehen Sie, darum noch einmal: Eingehen auf die Einsprechungen des lebendigen Gottes! Nicht immer wieder hüpfen und springen wie ein Eichhörnchen von einem Ast zum andern, sondern: *Halt* ! Stehenbleiben! *Sta* ! Wobei sollen wir stehenbleiben? Bei all dem, was der liebe Gott in uns spricht, von uns erwartet und von uns verlangt.

Und endlich das dritte Erkenntnismerkmal, die dritte Quelle, aus der wir unser individuelles Wissen schöpfen können: *unsere Seinsstruktur.* Unser Sein ist nicht etwas rein Persönliches, Subjektives, es ist ja auch vom lieben Gott geschaffen. Und je nachdem mein Sein konstituiert ist, ob ich Mann oder Frau bin, so oder so geartet bin, ist es eine Erkenntnisquelle.

So erkennen wir auf der ganzen Linie wieder und wieder klarer und tiefer, was der liebe Gott von uns selber will.

J. Kentenich, aus:
Festpredigt am 18.3.1967

Glaubensinstinkt

Der verborgene Gott

In diesem Zusammenhang sei auf ein verborgenes Gesetz hingewiesen, das die ganze Heilsgeschichte zu durchwalten scheint. Es läßt sich auf die kurze Formel bringen: Wo Gott seine *geheimen Heilspläne* verwirklicht, das heißt, wo er so oder so in Welt- und Menschengeschichte eingreift oder wo er Menschen – in welcher Form es auch immer geschehen mag – begegnet, tut er es für gewöhnlich *mit dicht verschleiertem Antlitz.* Er arbeitet – vor allem wo es sich nicht so sehr um die providentia specialissima (die ganz besondere Vorsehung), sondern eher und mehr um seine allgemeinen und besonderen Vorsehungswege handelt – für gewöhnlich nach Art eines Naturgesetzes: Er tut es lautlos, ja, fast unsichtbar und unhörbar und doch mit einer unheimlichen Präzision und mit zwingender Konsequenz und darum mit unfehlbarer Sicherheit. Das gilt auch dann, wenn er nach menschlichem Ermessen scheinbar vielfältig verschlungene Seitenwege geht und führt. Er erreicht so oder so sein Ziel. Im Augenblick seines sorgsam geplanten Eingreifens wird er in seiner Person kaum erkannt und seine Sprache – wenn überhaupt – dann nur recht schwer verstanden. Später erst leuchtet ein helleres Licht auf. Nicht selten geschieht das dann, wenn sich eine längere Kette von Ereignissen aneinandergereiht hat und dem prüfenden Glaubensblick überschaubar ist und sinnvoll erscheint; wenn vor allem der *Heilige Geist* die Seele tiefer in verborgene Zusammenhänge einführt. Er pflegt es *durch seine Gaben* zu tun, die *Glauben und Liebe bis zum Heroismus vervollkommnen.*

Existenz, Eigenart und Wirksamkeit der hier gemeinten Gesetzmäßigkeit läßt sich allenthalben in Schrift und Leben nachprüfen und nachweisen.

Besonders hell und lichtvoll strahlt es über dem *biblischen Heilandsleben* auf. Man braucht nur darauf zu achten, wie oft und wie nachdrücklich der Mund der ewigen Wahrheit und Weisheit feststellt, daß seine Apostel und Jünger ihn nicht verstanden haben, ja, ihn einstweilen auch nicht verstehen können; daß sie ihn vielmehr in seiner Eigenart, in seiner Sendung und Lehre erst später erfassen würden, wenn der Heilige Geist über sie käme, um ihn zu verherrlichen und die Seinigen in das tiefere Verständnis der Wahrheiten einführen würde, die er gekündet, ohne jedoch dafür das rechte Organ gefunden zu haben.

So heißt es zum Beispiel bei Johannes 12,16: "Diese Dinge verstanden seine Jünger anfangs nicht. Als aber Jesus verherrlicht war, da erinnerten sie sich, daß dies von ihm geschrieben steht und daß sie dies an ihm getan hatten." Petrus muß sich bei Gelegenheit der Fußwaschung des Heilandes Mahnung gefallen lassen: "Was ich tue, verstehst du noch nicht, du wirst es aber später verstehen" (vglk. Joh 13,7).

Der Herr macht Philippus auf dessen augenscheinliche Blindheit aufmerksam, von der er jahrelang befangen gewesen ist: "Solange Zeit war ich bei euch und ihr kennt mich noch nicht? Philippus, wer mich sieht, sieht auch den Vater! Wie kannst du da sagen: Zeige uns den Vater? Glaubt ihr nicht, daß ich im Vater bin und der Vater in mir ist? Die Worte, die ich zu euch rede, rede ich nicht von mir selbst, und die Werke wirkt der Vater selbst, der in mir lebt" (vgl. Joh 14,9). Was Philippus damals nicht aufgegangen war, wurde ihm später nach der Auferstehung des Herrn durch die Herabkunft des Heiligen Geistes in reichem Maße geschenkt.

Ähnlich erging es Thomas. Erst nachdem er mit seinen Händen die Wundmale seines Meisters berühren durfte, blitzte in ihm das Licht des Glaubens neu auf (vgl. Joh 20,27-29). Aber zur leuchtenden Sonne wurde es für ihn wie für die Apostel und Jünger insgesamt erst nach Pfingsten.

Besonders klar tritt das besagte Gesetz beim ersten Papst, bei Petrus, in Erscheinung. Wohl hatte er in feierlicher Stunde auf die Frage des Herrn: "Was haltet ihr vom Menschensohn?" im Namen der anderen Apostel mutig das Glaubensbekenntnis abgelegt: "Du bist Christus, der Sohn des lebendigen Gottes" (Mt 16,16). Aber wieweit damals diese Glaubensentscheidung seine Seele innerlich erfaßt hatte, zeigt die Leichtigkeit, mit der er, als eine Magd ihn in Verlegenheit brachte, seinen Meister verleugnete (vgl. Mt 26,29-75). Der Heiland hatte ihm zuvor nach Ablegung des Glaubensbekenntnisses bescheinigt, daß nicht Fleisch und Blut, sondern der Vater im Himmel ihm das Licht des Glaubens angezündet hat; aber nichtsdestoweniger mußte auch der Felsenmann erst die Herabkunft des Heiligen Geistes abwarten, dann erst wurde sein Glaube felsenfest, dann erst konnte er seine Gefolgschaft im Glauben stärken und dafür sein Leben hergeben.

Es ist bekannt, daß der Hauptmann unter dem Kreuze nach dem Tode des Heilandes eine innere Erschütterung erlebte und unumwunden bekannte: "Wahrhaftig, der Gekreuzigte war Gottes Sohn" (vgl. Mk 15,39). Die volle Tragweite dieses überraschenden Geständnisses blieb ihm jedoch verschlossen. Damals erkannte und bekannte er im Gekreuzigten noch nicht "Gott von Gott", nicht den "wahren Gott vom wahren Gott". Er erkannte noch nicht in ihm das wahre Licht, das in die Welt gekommen ist, und noch nicht den eingeborenen Sohn des Vaters, der zwar eines Wesens mit dem Vater ist und doch gleichzeitig der Person nach von ihm unterschieden ist. Woher sollte er auch diese Einsicht haben? Nicht einmal diejenigen, die mit dem Herrn zu Tische gesessen und die Hand mit ihm in dieselbe Schüssel getaucht, hatten solch klare Glaubenserkenntnisse. Erst mußte der Heilige Geist kommen, dann erst war es möglich, den Eingeborenen in seiner ganzen Größe zu erfassen und sich gläubig anbetend vor ihm in die Knie zu werfen. So sieht die Verherrlichung aus, die der Heiland für seine Person vom Heiligen Geist erwartet.

Übersehen darf endlich nicht werden, daß auch die Emmaus-Szene von denselben lichtvollen Gesetzen getragen ist und von da aus erst recht verstanden werden kann. Solange der Herr mit seinen Jüngern unterwegs plauderte, solange er also bei ihnen ist, sind ihre Augen gehalten. Erst nachdem er sie verlassen hat, werden sie inne, wer ihnen begegnete und daß er sich durch das Brotbrechen zu erkennen gegeben hat (vgl. Lk 24,13-35). Beispiele dieser oder ähnlicher Art lassen sich aus dem Leben des Heilandes und der Apostel leicht vermehren. Sie weisen recht deutlich auf die umrissene Gesetzmäßigkeit hin und machen sie verständlich.

Was uns aber im Rahmen unserer Studie besonders interessiert, ist die Tatsache, daß das Gesetz gleicherweise gilt, wo Gott als *Gott des Lebens* im Alltagsleben sich durch seine Führungen und Fügungen oder durch die Zeitenstimmen den Menschen nähert und seine Pläne entschleiert und seine Wünsche mitteilt.

Nur ganz selten wird der sich so gebende und sich so mitteilende Gott gleich verstanden. Bis zu einem gewissen Grade darf das nur dort erwartet werden, wo er Menschen trifft, die ein ausgeprägtes Glaubensorgan ihr eigen nennen, das durch die Gaben des Heiligen Geistes allseitig vervollkommnet ist: Mit einem sorgsam ausgebildeten Glaubensinstinkt und einer eigenartigen Wahlverwandtschaft werden sie Gott allerorten inne, wo er sich zeigt, um seine Pläne mitzuteilen und seine Wünsche auszusprechen. Aber auch in solch seltenen Fällen ist schwer zu erwarten, daß die göttliche Vollplanung sofort aufgeht. Auch in solcher Lage braucht man normalerweise genügend Abstand von den Ereignissen, man braucht wachsende Beeinflussung durch den Heiligen Geist, bis Gottes verschleierte Geheimnisse und seine Wunschäußerungen – soweit das Sterblichen überhaupt gegeben ist – voll erfaßt werden.

Für gewöhnlich wird der Vorübergang des Herrn auch im praktischen Leben erst richtig erfaßt, wenn er bereits erfolgt ist (...) Später, oft recht viel später, blitzen helle Glaubenslichter im Sinne des Vorsehungsglaubens, Lichter klarer Erkenntnis über die Vorsehungswege Gottes auf und entzünden dann einen Feuerbrand göttlicher Liebe in der Seele.

J. Kentenich, aus:
Studie, 1962

Wagnis des Glaubens

Wir halten also fest: der Heilige Geist ist es, der mit seinen Gaben den habitus fidei (Glaubenshaltung) in uns entfalten soll bis zu der Vollreife, daß wir sagen können, wir haben einen ausgesprochenen übernatürlichen Witterungs- und Wirklichkeitssinn, einen ausgesprochenen Spürsinn für das Übernatürliche. Ich meine, die Ausdrücke wären so konkret, daß wir sie alle fassen können. Es existiert eben nicht bloß eine geistige, sondern auch eine geistig-übernatürliche Welt, die wir halt mit den blöden natürlichen Augen, auch mit dem bloßen natürlichen Verstand nicht sehen können. Da brauchen wir ein anderes Sehorgan, und zwar ein ausgeprägtes Sehorgan, so wie der Apostel Paulus das nennt: "Iustus autem meus ex fide vivit. – Mein Gerechter aber lebt aus dem Glauben" (Hab 2,4; Röm 1,1; Hebr 10,38). Es ist so, als wenn wir sagen dürften: die durch unsere Schule gegangen sind, haben diesen ausgeprägt übernatürlichen Wirklichkeitssinn. "Justus autem ..."

Das ist die große Krankheit der heutigen Zeit: Wir mögen heute begeisterte Menschen um uns herum scharen, aber wenige gibt es, die mit uns gehen, wenn wir kraft des übernatürlichen Witterungssinnes den *Todessprung* machen müssen *für Verstand, Herz und Willen*. Ohne den Todessprung geht das nicht. Der heutige Mensch möchte Sicherheiten haben, rein menschliche Sicherheiten, und wie er in wirtschaftlichen Dingen versichert sein möchte, so will er auch in seinen Entschlüssen möglichst Sicherheit haben. Und das geht nicht. Das ist ja das Wesen des Glaubens, daß der Glaubensgegenstand ins Dunkel gehüllt, auch dann ins Dunkel gehüllt ist, wenn er da und dort mehr oder weniger vom Licht überstrahlt ist. Nicht umsonst sagt Paulus, der Glaube ist das Fürwahrhalten dessen, was man nicht sehen kann, mit den natürlichen Augen nicht sehen kann, mit den blöden, sinnenhaften Augen, mit dem rein natürlichen Verstand (vgl. Hebr 11,1). Da gibt es eine Unmenge von Dingen, die man, rein natürlich gesehen, nicht greifen kann. Man muß ein neues Greiforgan bekommen. Was ist das? Das ist der Glaube.

Sie dürfen nicht meinen, daß der Glaube, auch wenn er getragen ist von dem, was der heilige Thomas lumen propheticum (ein prophetisches Licht) nennt, immer im hellsten Licht erstrahlt. Sonst wäre er nicht einmal in dem entsprechenden Ausmaß verdienstlich. Ach nein, da gibt es Todessprünge. Und wer nicht bereit ist zu diesen Todessprüngen in den Abgrund, der soll die Hand weglassen von einem Werk, das so ganz in die jenseitige Welt hineinragt. Ohne Todessprung geht es nicht. Weshalb? Weil die übernatürliche Welt, auch wenn sie in hellem Licht steht, doch eine Unsumme von Dunkelheit ständig in sich birgt. Der Glaube ist argumentum non apparentium (Ein Argument für das, was nicht in Erscheinung tritt). Glaubensauge!

J. Kentenich, aus:
Delegiertentagung der Schönstattfamilie, 16.-20.10.1950

Hingabe an die göttliche Führung

Wer Schönstatt verstehen will, muß sich mit seiner großen, klaren, einprägsamen und zündenden Idee auseinandersetzen (...) Er muß aber auch die treibenden Kräfte kennen, die in seiner Geschichte wirksam sind. (...)

Treibende Kraft ist in unserem Falle *hochherzige kindliche Hingabe an die göttliche Führung,* die nach dem Gesetz der geöffneten Tür ihre geheime Planung mit Schönstatt langsam und stückweise entschleiert und zur Verwirklichung aufgefordert und gedrängt hat.

Als treibende Kraft kann diese Hingabe nur angesprochen werden, wenn sie der Seele fast "zur zweiten Natur" geworden ist, so daß sie ein heiliges Drängen in sich wahrnimmt und mit Paulus sprechen kann: Caritas urget me ... (vgl. 2 Kor 5,14: "Die Liebe Christi drängt uns..."). Solange es sich nur um ein mühsames Tasten handelt, kann man nicht von einer treibenden Kraft im eigentlichen Sinne sprechen. Der Dogmatiker würde den hier gemeinten Zustand bestimmen als eigenartige Form des habitus fidei (Glaubenshaltung), der sich *durch die Gaben des Heiligen Geistes,* besonders die Gaben der Wissenschaft, des Verstandes und der Weisheit, *zu einem ausgeprägten übernatürlichen Spürsinn entwickelt* hat, der aber zwecks Bewahrung vor Selbsttäuschung von der kirchlichen Autorität überprüft und bestätigt sein will.

Originell ist die Form des habitus fidei und seiner Entfaltung: *Hingabe an göttliche Führung* ist ja *gläubige Hingabe an den Vatergott und seine Pläne.* Nach der Richtung des caritas patris urget me (die Liebe zum Vater drängt mich) wirkt sich also hier vor allem der habitus fidei aus.

Gott kann seine Pläne in souveräner Freiheit entschleiern und offenbaren, wie und wann er will: auf außerordentliche Weise durch visionäre Träume, durch Wunder und ähnliche Mittel. Er kann es auch auf gewöhnlichen Wegen tun: durch seine Führungen und Fügungen, die ja letzten Endes von einem großen göttlichen Weisheits-, Liebes- und Allmachtsplan bestimmt sind und zu dessen Verwirklichung führen. Schlichter Vorsehungsglaube, der hinter allen, auch den kleinsten Geschehnissen Hand, Wunsch und Willen des Vatergottes entdeckt, bringt es mit der Zeit bei liebender Wachheit fertig, aus den Fäden der Einzelführungen das Netz der geheimen göttlichen Gesamtplanung zusammenzufügen, sich an dieser Erkenntnis zu freuen und an seiner Verwirklichung unentwegt wagemutig zu arbeiten.

Dieser praktische Vorsehungsglaube ist nachweisbar die Haupterkenntnisquelle, der Schönstatt die Kenntnis seines gottgewollten Seins und Wirkens verdankt. Dieser Glaube hat uns hingewiesen auf "Gottes Antlitz, wie es aus dem Zeitgeschehen aufstrahlt", auf "Gottes Wink und Wunsch, den er wegweisend durch die Seinsstruktur von Menschen und Dingen sowie durch Verknotung und Aufknotung öffentlicher und privater Verhältnisse kundtut und zum Hauptkalendarium und Hauptfahrplan des Lebens und Wirkens gemacht wissen will" (J. Kentenich, Oktoberbrief 1949 an die Schönstattfamilie, S. 13).

Anfangs war es schwer, die Fäden, die Gott uns in die Hand gab, richtig zu sehen und zu deuten und daraus auf das Gewebe einer göttlichen Gesamtplanung zu schließen. Es war aber immer unser wichtigstes Anliegen.

J. Kentenich, aus:
Schlüssel zum Verständnis Schönstatts, 1951

Schönstatt als charismatischer Aufbruch

*O Geist, mit deinen Flammen
kehr bei uns allen ein.
Ein Herz laß uns zusammen
und eine Seele sein.*

*Im Bündnis laß uns leben
mit dir im Heiligtum,
in deine Hand uns geben
als Werkzeug dir zum Ruhm.*

Gebet der Theologengemeinschaft
seit dem Oberkircher Ereignis

Heilig-Geist-Darstellung über der Tür des Schönstattheiligtums in Bellavista, Santiago / Chile.

Schönstatt als Wirkung der Gaben des Heiligen Geistes

Die gläubige Überzeugung vom Schönstätter Mariengeheimnis kann sich auf drei solide Quellen berufen: auf apologetische, aszetische und dogmatische Überlegungen. Der apologetische Beweis ist bekannt. Der aszetische Beweis wendet die Kriterien zur Unterscheidung der Geister auf Werden und Wachsen, auf Leben, Wirken und Wollen Schönstatts an. Er weist in allen diesen Situationen ausgesprochen übernatürliche Einstellung nach, die sich nicht selbst gesucht hat und frei geblieben ist von beherrschenden unedlen Motiven, die sich willig bis zur Höhe der Blankovollmacht und Inscriptio emporführen ließ.

Der *dogmatische Beweisgang* gipfelt im Nachweis, daß *Existenz und Leben Schönstatts nur als Wirkung der Gaben des Heiligen Geistes* richtig gedeutet und verstanden werden kann.

Als Pater Walkenbach in Rom studierte, versuchte er seinem verehrten Lehrer Garrigou-Lagrange die Geschichte Schönstatts verständlich zu machen. Er hob dabei besonders die menschliche Tätigkeit hervor. Schon sehr bald unterbrach ihn sein Professor mit dem überzeugten Hinweis: "Was Sie von Schönstatt erzählen, ist nur durch den besonderen Einfluß, ist nur durch die Wirksamkeit der Gaben des Heiligen Geistes erklärbar." Wer die Geschichte Schönstatts genau kennt, schließt sich ohne weiteres dieser Überzeugung an. Das Eingehen auf Einzelheiten und auf den Gesamtwurf sei einer späteren Gelegenheit vorbehalten. Hier sollen nur zwei Momente besonders hervorgehoben werden.

Oft schon haben wir uns mit der leitenden Idee und treibenden Kraft Schönstatts auseinandergesetzt. *Treibende Kraft ist*, wie wir wissen, *ein hoher Grad des durch die Gaben des Heiligen Geistes vollendeten sensus fidei* (Glaubenssinn). Das wollen wir festhalten. Wenn man sich da und dort auf die Genialität des Gründers beruft, so muß ich mich gegen solche Auffassung aus tiefster Überzeugung wehren, es sei denn, man meine damit die Genialität der Naivität, die gleichbedeutend mit besagtem Glaubenssinn ist und sich sorgfältig am "Gesetz der geöffneten Tür" orientiert hat. Das ist das erste Moment, das in seiner Art nachdrücklich auf die Gaben des Heiligen Geistes aufmerksam macht.

Das zweite geht von dem Gedanken aus, daß die glaubensinnige *Überzeugung von der besonderen Wirksamkeit der Gottesmutter an Gnaden- und Wallfahrtsorten* auf die *Gabe der Frömmigkeit* zurückzuführen ist. Ein Gleiches muß füglich auch von unserem Schönstätter Mariengeheimnis gelten, weil es eine konkrete Form der besagten glaubensinnigen Überzeugung ist.

Für ein tieferes Studium ergeben sich aus solchen Behauptungen zwei Fragen: die Frage nach Wesen und Eigenart der Gaben des Heiligen Geistes insgesamt und nach den Funktionen der Gabe der Frömmigkeit im besonderen.

So reizvoll und aufschlußreich die aufgeworfenen Fragen in einer Zeit sind, die kopfschüttelnd Besuch von solchen Orten wohl grobkörniger Volksfrömmigkeit zubilligt, für gereinigte und vergeistigte Hochreligion aber ablehnt, so bedeutungsvoll sie vor allen Dingen für uns sein müssen, die wir uns nie auf außergewöhnliche Erkenntnisquellen – Vision oder visionäre Träume –, sondern ausschließlich auf den Geist des Glaubens für unser Schönstätter Mariengeheimnis berufen: Wir müssen es uns trotzdem versagen, so ausführlich darauf einzugehen, wie der Gegenstand es an sich verdient. (...)

Gaben des Heiligen Geistes nennt man – modern ausgedrückt – unmittelbare Anschlußkräfte an Gott oder göttliche Triebkräfte zur Sonne, zum Heroismus und Radikalismus, zum Vollalter Christi in Individuum und Gemeinschaft, während die Gnade, wo sie zum Unterschied von den Gaben gemeint ist, gleichsam zu Fuß mit der schwerfälligen Natur über Berg und Tal, über Stock und Stein geht und deswegen nur langsam vorwärts kommt und sich nicht zu Adlerflügen erheben kann. (...)

Ohne Gaben des Heiligen Geistes ist es unmöglich, den neuen Menschen in der neuen Gemeinschaft, in der neuen Gesellschaftsordnung zu gestalten. Dafür ist der Zusammenbruch zu stark, dafür sind der Schwierigkeiten zu viele und große und der zur Verfügung stehenden Hilfskräfte zu wenige. Ohne Heroismus und Radikalismus, ohne Bekenner- und Martyrergeist kann das ungewöhnlich schwere Werk nicht gelingen. Nur Menschen mit ausgesprochen jenseitigen Wertmaßstäben, nur solche, die wagemutig den Todessprung für Verstand, Wille und Herz zu tätigen imstande sind, können heute in führender Stellung Werkzeug für eine neue Welt und Weltordnung, für Umwertung aller Werte im Sinne der Kirche und Familie am neuen Ufer sein.

J. Kentenich, aus:
Brief-Studie an Joseph Schmitz, 1952

Charismatische Sendung

Als wir von der Originalität unseres Typs sprachen, durfte ich sagen, er hat auch einen charismatischen Charakter. Man kann unterscheiden:

eine charismatische Sendung dem Ursprung
und eine charismatische Sendung dem Inhalt nach.

Charismatische Sendung dem Ursprung nach ist eine Sendung, die unmittelbar vom Heiligen Geist jemand geschenkt wird. Am besten verstehen Sie, was gemeint ist, wenn Sie gegenüberstellen: charismatische und hierarchische Sendung. Man spricht von hierarchischer Sendung, wenn die Hierarchie uns eine Sendung gegeben – freilich in Abhängigkeit von Gott –, entweder durch das Amt oder durch einen bestimmten Auftrag.

Wann spricht man nun von einer *charismatischen Sendung dem Inhalt nach?* Gemeiniglich wohl dann, wenn es sich um Aufgaben handelt, die in der gegenwärtigen öffentlichen Meinung der Kirche noch kein volles Heimatrecht, noch keine volle Anerkennung gefunden haben.

Wollen Sie das jetzt einmal anwenden auf unsere Sendung. Wir sagen jetzt nicht, daß wir persönlich unmittelbar, dem Ursprunge nach, eine charismatische Sendung bekommen haben. Aber dem Inhalte nach ist das *eine dreifache Sendung:* das ist die Sendung, (1) den neuen Menschen (2) in der neuen Gemeinschaft (3) mit universellem apostolischen Gepräge zu formen und zu gestalten. Wollen Sie einmal überlegen, inwiefern wir sagen können: Da dreht es sich um eine Aufgabe, die in der öffentlichen Meinung der Kirche sich noch kein volles Heimatrecht erworben hat.

Von Pallotti aus gesehen, werden Sie das sofort verstehen. *Universalität des Apostolates* schließt natürlich auch Universalität des Laienapostolates in sich. Und Sie wissen, wie Pallotti damals mit seiner Idee im Kerne allein stand. Etwa ein Jahrhundert später hat die Kirche offiziell die Idee legitimiert. Ob sie aber nunmehr auch schon genügend aufgenommen ist in das Lebensbewußtsein der Kirche?

Dasselbe gilt, wo wir von den beiden anderen Wesenselementen sprechen: der neue, geistbeseelte Mensch, das ist auf der einen Seite *der gelübdelose, aber vollkommene Mensch in der gelübdelosen, aber vollkommenen Gemeinschaft.* Durch die Constitutio "Provida Mater Ecclesia" (1947) ist auch diese Idee legitimiert worden. Aber Sie ahnen, vielleicht wissen Sie es, daß diese juristische Legitimierung noch lange nicht bedeutet eine freudige Aufnahme von der Gesamtkirche. Und es wird noch lange, lange dauern, bis dieser neue Typ auch lebensmäßig sich durchgesetzt hat. Im Gegenteil: wahrscheinlich ist in absehbarer Zeit ein starker Richtungsstreit zu erwarten (...)

(In seiner überzeitlichen Prägung ist) der hier gemeinte "neue Mensch" der *geistbeseelte und idealgebundene Mensch,* fern von aller Formversklavung und Formlosigkeit. Die *"neue Gemeinschaft"* löst sich – ohne formlos zu sein – von allem seelenlosen Formalismus, vom mechanischen, bloß äußerlichen Nebeneinander; sie ringt um tiefe, innerseelische Verbundenheit: um ein seelisches Ineinander, Miteinander und Füreinander (...) Das Anliegen, das in der Idee zum Ausdruck kommt, ist zweifellos ein allgemeines, das heißt alle religiösen Gemeinschaften sind daran interessiert und darauf eingestellt und abgestimmt, ringen in ihrer Art nach seiner Verwirklichung. Das hindert aber nicht, daß eine Gemeinschaft sich diese vielgestaltige Geistbeseeltheit und Idealgebundenheit als besonderes apostolisches Ziel setzt.

J. Kentenich, aus:
Terziat für Pallottinerpatres, USA, 1952; Schlußteil aus:
Schlüssel zum Verständnis Schönstatts, 1951

Das Charisma unserer Wallfahrtsgnaden

Was wir erwarten?
Erste Antwort: Wir möchten teilhaftig werden des Charismas, das die Gottesmutter von hier ihren Kindern, ihren Lieblingskindern, immer wieder von neuem anbietet. Was heißt das? Was besagt das: ein Charisma? Wie sieht die Eigenart dieses Charismas aus? Ein Charisma ist eine außergewöhnlich stark drängende, formende, gestaltende, umgestaltende Gnade. Die Gottesmutter schenkt uns das Charisma

1. der seelischen Beheimatung,
2. der seelischen Wandlung und
3. der seelischen Fruchtbarkeit. (...)

Das ist ja das Eigenartige, was die Gottesmutter als die große Erzieherin uns von hier aus schenken will. Sie will unsere Erziehung in die Hand nehmen.

1. Sie will uns hineinführen in diese große Welt der *seelischen Beheimatung,* der Beheimatung im Herzen des dreifaltigen Gottes. Jegliche Beheimatung, die wir hier auf Erden erlebt haben, soll letzten Endes Beheimatung werden im Herzen des dreifaltigen Gottes. Seelische Beheimatung! Eine dauernde seelische Beheimatung, eine beglückende seelische Beheimatung! (...)

Wir müssen uns hier ein Wort vor Augen halten, es gilt wie immer so auch hier: Nichts ohne uns! Aber wichtig ist das andere Wort: Nichts ohne dich! Will also praktisch heißen: dieser tiefe Grad der seelischen Beheimatung im Herzen des dreifaltigen Gottes ist ein Geschenk von *oben.* "Bittet, und ihr werdet empfangen; suchet, und ihr werdet finden; klopfet an, und es wird euch aufgetan werden" (Mt 7,7). (...)

Die Hauptsache ist, daß wir Kinder des Gebetes werden, daß wir die Meisterschaft des Gebetes lernen. Die Hauptsache ist, daß wir hier unser Heiligtum zu unserem Neste machen und mit dem Heiligtum das Herz der lieben Gottesmutter, die Hand der lieben Gottesmutter.

2. Das Charisma der seelischen Beheimatung schließt natürlich auch gleichzeitig in sich das Charisma der *seelischen Wandlung*. Was soll gewandelt, wie soll gewandelt werden? Zu welchem Ziel hin soll gewandelt werden? Wir haben das ja in der letzten Zeit, im letzten Jahre im Sinne des Konzils so häufig uns sagen lassen, um was es letzten Endes geht: Gegenwärtigsetzung des dreifaltigen Gottes. Sicher, wir können das jetzt auf die einzelnen Personen beziehen und dann sagen: Gegenwärtigsetzung der lieben Gottesmutter, Gegenwärtigsetzung des Heilandes, Gegenwärtigsetzung des Himmelsvaters, Gegenwärtigsetzung des dreifaltigen Gottes.

Wenn wir das alles so vor Augen haben und halten (...), dürfen wir hoffen, daß der Geist Gottes innerlich in uns so wach und lebendig ist, daß er in unaussprechlichen Seufzern immer in uns spricht, uns immer tiefer hineinziehen will in die andere, in die jenseitige, die übernatürliche Welt. (...)

3. Und dann das letzte Charisma: das Charisma der seelischen *Fruchtbarkeit*. Das sind die großen Erwartungen, die wir mitbringen, letzten Endes ist das aber auch die Welt, in der wir nun in diesen Tagen wieder tiefer heimisch werden wollen.

Zweite Antwort! Ich könnte natürlich die Antworten jetzt alle häufen. Sie sagen aber immer dasselbe, wenn auch unter anderem Gesichtspunkte. (...) Wir alle wollen insgesamt sein oder werden eine *Kolonie des Himmels*. (...)

Wann sind wir Kolonisten des Himmels? Wenn wir den Himmel in uns tragen. (...)

Jetzt könnte ich dafür einen bekannteren Ausdruck einsetzen. Wir haben ja so häufig in der letzten Zeit vom *Herzensheiligtum* gesprochen. Was heißt das, Herzensheiligtum? Wir denken in dem Zusammenhange an das Dreifaltigkeitskirchlein, an das Christus-, an das Marienkirchlein. (...) Es geht ja jetzt nicht darum, ein wenig so herumzukräuseln und -zuspielen um ein paar periphere Wahrheiten, es geht heute immer wieder um das Aller-Allerletzte. Es ist eben das Große, Einzigartige: Der liebe Gott ist überall, im Himmel, auf Erden und an allen Orten. (...) In eigenartiger Weise ist er aber in unserem Herzen. (...) Wir sind so in Gott hineingezogen, daß wir in eigenartig-einzigartiger Weise den lebendigen Gott in unserer Person repräsentieren, darstellen.

Meinen Sie nicht, wenn die Gottesmutter nunmehr so stark von hier aus als Erzieherin wirksam ist, möchte sie uns auch das Charisma geben, tatsächlich Kolonisten des Himmels zu werden? (...) Das ist nun eigentlich das große Geschenk, das ich Ihnen, das ich aber auch mir wünsche: Österliche Menschen in einer österlichen Gemeinschaft wollen wir werden! Kolonisten des Himmels in einer Kolonie des Himmels!

J. Kentenich, aus:
Vortrag für Schönstätter Marienschwestern,
Ostersonntag, 26.3.1967

Die Gottesmutter –
das Charisma für die heutige Zeit

Heiligkeit schließt nicht nur Kampf gegen die schwere und läßliche Sünde in sich, nicht nur den Kampf gegen die Unvollkommenheiten, etwa gegen überflüssige Gedanken, Phantasiebilder, Regungen des Gemütes, sondern auch vollkommene Gleichschaltung mit dem göttlichen Willen bis zur Kreuzesliebe, bis zur Herzensverschmelzung. Was wir Inscriptio nennen, ist nicht nur eine Willensverschmelzung, sondern auch Herzensverschmelzung, Gemütsverschmelzung, die bis ins unterbewußte Seelenleben hineinragt, die alles wieder gotthaft machen möchte.

Ein solch überragendes Ziel ist mit menschlichen Mitteln allein nicht erreichbar. Wenn Gottes Gnade uns nicht trägt, bleiben wir halbwüchsig, mittelmäßig, so wie wir es von Anfang an gewesen sind. Sicherlich, wir wissen: Um so innerlich umgeformt zu werden, müssen wir beten, müssen wir Opfer bringen. Das ist notwendig, genügt aber nicht. Nur der Heilige Geist kann mit seinen sieben Gaben hinabreichen in unser unterbewußtes Seelenleben. Wenn wir nicht alle Heilig-Geist-Kinder werden, wenn wir nicht alle *eine göttliche Triebkraft diesen naturhaften Triebkräften in uns entgegensetzen* können, werden wir niemals triebmäßige Gleichschaltung mit dem göttlichen Willen erreichen.

Lassen Sie mich diese Gedankenkette nunmehr krönen und zum Abschluß bringen im Marianischen.

Wenn es der Heilige Geist allein ist, der uns durch seine sieben Gaben zu wahren Heiligen formen und gestalten kann, und wenn wir von der Gottesmutter eine seelische Wandlung erbitten, dann heißt das: *Wir erwarten hier im Heiligtum, in unserem Coenaculum, den Heiligen Geist und seine sieben Gaben.* Wie wird dieser Geist Gottes wirken?

Wenn die Gottesmutter die Hände faltet, wirkt sie nach dem Gesetz: Das Sein ist richtunggebend für das Wirken. Das Sein der Gottesmutter ist frei von der Erbsünde, sie hat das donum integritatis (die Gabe der ungebrochenen Ganzheit). Sie kennt deswegen dieses rebellische Triebleben nicht. Ihr Triebleben war von Anfang an gleichgeschaltet den göttlichen Wünschen. Ihr Sein bestimmt psychologisch, aber auch gnadenhaft ihr Wirken. Die Liebe zu ihr kennt eine Lebensübertragung. Ihr unberührtes, fleckenloses Leben möchte sie soweit als möglich durch die psychologische Wirkkraft der Liebe auf uns übertragen. Die psychologische Wirkung will auch gnadenhaft ergänzt werden. Das besagt: Nach derselben Richtung geht auch die Gnadenvermittlung, die wir erwarten dürfen.

Der Heiland hat als Erweis der Göttlichkeit seiner Person der Urkirche Charismen versprochen, also nicht bloß Heilung von Kranken, sondern auch außernatürliche Gaben und Gnaden, wie die Sprachengabe und dergleichen mehr. Sollten denn dem jetzigen Christentum diese Charismen abhanden gekommen sein?

Nach meiner persönlichen Überzeugung ist *dem heutigen Christentum ein Charisma geschenkt* worden, und das Charisma heißt: *die Gottesmutter.* Wer sie innig liebt, der ist charismatisch begabt. Dieses Charisma hat heute ein anderes Ziel als in früheren Zeiten.

Um das Zeitalter Christi haben sich die diabolischen Einflüsse in christologischen Häresien ausgewirkt. Heute wirkt sich der diabolische Einfluß in *anthropologischen Häresien* aus: im kollektivistischen Menschen- und Gemeinschaftsbild. Das *Charisma der Marienverehrung* wird sich heute entfalten dürfen und müssen nach der Richtung des *neuen katholischen Menschen und der neuen katholischen Gemeinschaft*. Das bedeutet seelische Wandlung bis hinein in das unterbewußte Seelenleben. Wenn nicht alles täuscht, wird so das charismatische Geschenk sein, das die Gottesmutter uns geben wird, nicht zuletzt auch von Schönstatt aus, wo sie als die Dreimal Wunderbare tätig und wirksam ist als die große Völker- und Welterzieherin.

J. Kentenich, aus:
Pädagogische Tagung, 2.-5.10.1951

Namenverzeichnis

Adam, 44; 45
Ananias, 36
Augustinus, 26; 29
Bonaventura, 119
Bossuet, 26
Elisabeth, 35
Eva, 44; 45; 63
Garrigou-Lagrange, 158
Grignion von Montfort, 38; 103
Johannes (Evangelist), 54; 70; 71
Johannes (der Täufer), 35
Johannes XXIII., 144; 147
Laros, 100
Meschler, 99
Nikodemus, 68
Nikolaus von der Flüe, 114
Pallotti, Vinzenz, 114
Paulus, 36; 55; 58; 70; 72; 75; 78; 99; 118; 142; 151; 153
Petrus, 521; 54; 107; 124; 147; 148
Philipp Neri, 24
Philippus (Apostel), 147
Theresia von Avila, 78
Thomas von Aquin, 26; 100; 102; 152
Walkenbach, 158
Zacharias, 35

Sachverzeichnis

Abba, 66; 70; 72; 99; 143
Abbild, 38; 44-46; 75; 78
Abendmahlssaal/Coenaculum, 34; 41; 50-51; 105-106; 125-126; 131; 139; 168
Adel/adelig, 68; 70; 94; 95
Anregungen, 144; 145
    vgl. Einsprechungen,
Antriebe, 85; 86; 91
    vgl. Triebe, übernatürliche,
Apostel, 22; 23; 34-36; 40-42; 50; 52-54; 57; 72; 101; 105-106; 112-113; 118; 125-127; 130-131; 147-149; 151
Apostolat/apostolisch, 141; 161-163
Aszese, 74; 94

Bekehrung, zweite, 112-113; 115
Beschauung/sgnade, 110; 121; 125-132
Beständigkeit, 121-122
Bilder für d. Hl. Geist, 78; 90; 91; 118; 119
    vgl. Feuerzungen; Frau; Maria; Saiteninstrument; Segel/boot; Siegel; Sturm; Taube; Tempel; Wohnung,
Blankovollmacht, 115; 158
Braut Christi (Kirche), 16; 18
Braut des Hl. Geistes
    vgl. Maria,

Charisma/charismatisch, 161; 164-166; 168; 169; 172; 173
Christentum, 16; 18; 20; 25; 39; 43; 75; 115; 168
Christus/Heiland, 15-20; 22-23; 26; 27; 30; 39; 40-41; 47; 52-59; 61; 68; 72-75; 77; 79; 101; 103; 106-107; 109; 118; 123-125; 128-132; 138; 140; 147-149; 151-153; 165-168; 172

Gottessohn, 39; 43-44; 61
Gottmensch, 17; 27; 45; 52; 54-55; 74-75; 103; 106; 131
    vgl. Dreifaltigkeit; Geist Christi; Glieder; Haupt;
    Leib Christi,
Christusinnigkeit, 57-59
Coenaculum
    vgl. Abendmahlssaal,
Corpus Christi mysticum
    vgl. Leib Christi,

Disposition, 88-89; 123
    vgl. Vorbereitung,
Dreifaltigkeit, 63-64; 75; 79; 168
Durchgöttlichung, 101

Ehre, 22; 34; 63; 124
Eigentätigkeit, 90
Einbruch des Göttlichen, 16; 20
Einheit, 82; 122
Einheitsprinzip, 26; 28
Einsamkeit/einsam, 41; 62; 88; 125
Einsprechungen/Anregungen, 144-145
Einwohnung/Wohnung, 62; 74-79; 103; 130
Engling-Akt, 101
Enttäuschungen, 142
Enttäuschungsfunktion, 143
Erbsünde, 37; 93; 99; 168
Ergriffenheit, 57-59; 100; 110; 122; 143
Erkenntnisquelle, 121; 145; 154; 159;
Erlösung/erlösen, 22; 29; 34; 36; 37; 59
Erneuerung/erneuern, 22; 34; 41; 56; 59; 105
Erzieher/in, 22; 58; 61-64; 99; 164; 166; 169
Erziehung, 61-63; 88-89; 96; 164
Eucharistie/Kommunion, 28; 41; 74

Fähigkeit(en), 10; 17; 84; 86; 90-91; 97; 100; 102; 105; 123-124; 138; 142
Feuer, 23; 42; 46; 59; 62; 77; 107108; 126; 150
Fiat, 37; 56; 102; 104
Formversklavung, 162
Frau, 47; 102; 106; 145
Freude, 28; 113; 120; 123-124
Fruchtbarkeit (seelische), 164-165
Führung (göttliche), 19; 62; 101; 103; 149; 153
   vgl. Vorsehung,

Gaben (d. Hl. Geistes), 32; 35; 38; 58; 62; 84-92; 94; 96-97; 99-101; 108; 111-113; 117-118; 122; 125; 127; 129; 131-133; 138-139; 142; 146; 149; 151; 153; 158; 160; 167; 168
Definition, 88; 100; 164
Frömmigkeit, 82; 159
Furcht, 29; 82; 111
Verstand, 61; 82; 105; 124; 126; 128; 139; 151; 153; 160
Weisheit, 44-45; 82; 117-125; 138-139; 147; 153
Wissenschaft, 19; 82; 117; 138-140; 153
Ganzhingabe, 114; 116
Gebet, 34; 40-43; 114; 119; 128; 132; 145; 165
Gefäß, 17; 37; 130; 139
Geist Christi, 26; 30
Geist Gottes, 19; 21; 25-29; 70; 117-118; 124; 165; 168
Geist, menschlicher, 17
Geistbeseelt/heit, 162
Gemeinschaft, 40-41; 111; 160-162;.169
Gemüt, 17-18; 120-121; 127; 167
Genialität/Genie, 133; 159
Geschichte, 17; 45; 71; 100; 139; 146; 153; 158
Geschmack, 85; 112-113; 119
Gesellschaft, 28; 45; 53; 160
Glaube, 19; 21; 54-56; 84; 88-89; 106-107; 118; 121; 126-127; 129; 135; 138; 146; 148-149; 151-154; 159

Glaubensauge, 126-127; 152
Glaubensbekenntnis, 21; 148
Glaubensgeist, 19; 106; 138; 142
Glaubensinstinkt, 146; 149
Glaubenslicht, 85; 106; 150
Glaubenssinn, 18; 121; 138-139; 141; 159
Gleichschaltung, 124; 138; 167
Glieder Christi, 27; 103
Glieder der Kirche, 17; 26
Gnade, 24; 34-35; 37-38; 41-42; 59; 68; 78; 82; 84; 87-88; 93-94; 96-97; 105; 110; 116; 122; 125; 127; 129; 138; 160; 164; 167-168
    vgl. Beschauungsgnade; Wandlungsgnade,
Gnadenmittlerin, 131
Gott, 17-18; 22; 28-29; 36-39; 41; 44-46; 53-56; 63; 66; 69; 71; 75; 77; 85; 87-89; 93-94; 98-103; 114-118; 120-124; 126-127; 129; 138; 140; 142-146; 148-150; 154; 160-161; 166
    vgl. Dreifaltigkeit; Geist Gottes; Kinder Gottes; Pläne Gottes; Reich Gottes; Sprache Gottes; Wandel mit Gott; Wille/Wunsch Gottes; Vatergott,
Gottesbegegnung(en), 55
Gotteskindschaft, 69-70; 84
Gottestätigkeit,
Gründungsurkunde, 129

Halbheit, 85; 107; 115; 125
Haupt, 27; 45; 103; 130
Heilige, 75; 103; 119; 167
Heilige Schrift, 21; 26; 34; 36; 42-44; 52; 71; 107; 125; 144
Heiligkeit, 81; 84; 86; 91; 94; 100; 132-133; 167
Heiligtum, 59; 126; 128; 139-140; 156; 165; 168
Heiligung, 36; 74-76; 78
Heilung, 93; 168
Heimat, 165-166; 168-169

Herabkunft (d. Hl. Geistes), 34-35; 42-43; 101; 105; 107; 147-148
  vgl. Pfingsten,
heroisch, 25; 28; 38; 57; 86; 91; 94; 100; 112; 132-133
Heroismus, 28; 91-92; 100; 101; 135; 146; 160
Herz(en), 22-24; 26; 32; 41; 44-45; 61-63; 72; 74; 85; 94; 98; 107; 115-116; 120-121; 127; 141-143; 151; 156; 160; 164-166
Herzensheiligtum, 166
Herzensverschmelzung, 120; 141; 167
Himmel, 22; 34; 46; 53; 68-70; 79; 100; 130; 148;
Himmelwärts, 47; 57;
Hingabe, 47; 60; 102; 114-16; 130; 153
Hirtenspiegel, 129; 132
Hochgemutheit, 85
Hochherzig/keit, 117; 157
Hoffnung, 84; 88

Ideal, 38; 98; 103
Idealgebundenheit, 163
Idealgestalten, 38
Idealstaat, 28; 29
Indifferenz, 124
Innigkeit, 57-59; 73; 120-121; 127
Inscriptio, 101; 115; 141; 158; 167
Instinkt, 121; 138; 145; 146
  vgl. Glaubensinstinkt

Katholische Aktion, 141
Kind, 30; 35; 55; 57-59; 61; 66; 68-73; 90-91; 99; 102-103; 130; 153; 164-167
Kinder Gottes, 40; 61-62; 69-70; 103
Kindlichkeit, 57-58; 68; 70; 72-73; 102-103; 133
Kindschaft, 68-70;
Kirche, 16-22; 25-28; 42; 47; 101; 125; 131; 138; 140; 142; 143; 161-162; 168

Kleinsein, 94; 102
Kreuz, 37; 55; 101; 110; 112-113; 129; 142; 148
Kreuzesliebe, 167

Laienapostolat, 141; 162
Leben, 16-22; 24; 27; 40; 55-56; 58; 61; 69; 71; 73-75; 77; 79; 84; 87-89; 98; 106; 108; 110-111; 115; 119; 122; 126-127; 129-130; 146; 148-150; 154; 158
    göttliches, 16-19; 41-42; 68-69; 74-79; 84; 138; 140; 142
    vgl. Seelenleben,
    vgl. Triebleben,
Lebendigmacher (Hl. Geist), 21; 22
Lebensformen, 17
Lebensgefühl, 71
Lebensübertragung, 168
Lebensvorgang, 69; 102;
Lehramt, 19; 140
Leib, 36; 37; 77; 78
Leib Christi, 20; 27; 30; 104; 148
Leid(en), 23; 53; 55; 101; 110-113; 142
Licht, 46; 54; 78; 85; 106-107; 111; 118-119; 121; 123; 127; 129-130; 146; 148; 151-152
Liebe, 34; 44; 47; 59; 62; 70; 72; 84; 89; 91; 104; 111; 117; 120-122; 125-128; 132; 146; 150; 153; 168
    göttliche Tugend, 86; 88; 128
    personifizierte (Hl. Geist), 47; 76
Liebesbündnis, 139-140
Liebesbündnis m.d.Hl.Geist, 139
Liebesplan,
    vgl. Pläne Gottes,
Liebeszungen, 131

Magnanimitas, 85
    vgl. Hochgemutheit,
Mann, 44-45; 102; 145

Maria/Gottesmutter, 22; 28; 30; 34-40; 42-44; 46-47; 56; 59; 63; 74; 101-104; 114; 116; 125-126; 128-130; 132; 138-141; 159; 164-169
    Abbild d. Hl.G., 44-47
    Braut d. Hl.G., 34; 38-39; 103-104
    Symbol d. Hl.G., 47
    Werkzeug, 36-37
Marienähnlichkeit, 132
Mariengestalten, 56
Mariologie, 17-18
Martyrergeist, 126; 160
Mensch, heutiger, 54; 84; 88-89; 151
    vgl. neuer Mensch,
Mutter, 58; 63; 72-73; 90
Mystiker, 118; 119-120

nachkosten, 52; 55; 127
Natur, 27; 37; 77; 84; 93-97; 99; 102; 112; 118; 121; 153; 160
Natur und Gnade, 94
Natur und Übernatur, 96
neue Gemeinschaft, 161-162
neuer Mensch, 102; 164-166; 173

Offenbarung:
    Lebensoffenbarung, 16; 18
    Wahrheitsoffenbarung, 16
Opfer, 89; 167
Organismus, 26; 30
Originalität, 93; 161

Person, 21; 36; 44; 47; 57; 74-75; 149; 165-166; 168
Personen, drei göttliche, 75; 153; 169
    vgl. Dreifaltigkeit,
Pfarrfamilie, 27-28

Pfingsten, 22; 30; 34; 40; 54; 63; 105-109; 125; 148
    vgl. Herabkunft,
Pfingstnovene, 40; 42
Pläne Gottes, 37; 45; 148; 152; 155
    vgl. Vorsehung,
potentia oboedientialis, 102
Provida Mater Ecclesia, 162

Reich Christi, 22-24
Reich Gottes, 25; 27-28; 30; 38; 57; 73; 116
Reinheit, 89; 91-92; 94

Saiteninstrument, 91
Sakramente, 70
Säkularinstitute, 141
Sammlung, 88
Schönstatt, 98; 101; 106; 119; 125; 130-131; 153-154; 159; 167
Schönstätter Mariengeheimnis, 158-159
Schönstattgeschichte, 139
schöpferisch, 27; 28
Schöpfung, 22- 23; 118
Schwierigkeiten, 85; 91; 94; 108; 141; 161
Seele, 21; 23-28; 37- 38; 41; 51; 98; 71; 75; 77-78; 85; 87-94; 96; 100-104; 106; 117-124; 144; 146; 153
beseelen, 27; 28; 101
    vgl. geistbeseelt,
Seele d. Kirche, 25-28
Seelenkenner, 22
Seelenkräfte, 88
Seelenleben, unterbewußtes, 96; 98; 111; 167; 169
Seelentiefen, 98-103
Seelsorge, 25
Segel/boot, 90; 94; 100
Sehnsucht, 30; 41-42; 46; 58; 62; 89; 108-109; 122; 125
Sendung, 23; 54; 106-107; 128; 151; 165

sensus fidei
    vgl. Glaubenssinn,
Siegel, 75; 78; 141
Sprache, 52; 108-109
Sprache Gottes, 146
Sprachengabe, 108; 168
    vgl. Liebeszungen,
Spürsinn, übernatürlicher, 124-125; 139-140; 151; 153
Sturm, 23; 90; 107; 125
Symbole (f.d.Hl.Geist)
    vgl. Bilder,
Sympathie, 142-144

Taube, 42; 47
Taufe, 62; 70; 87; 131
Tempel (d. Hl.G.), 75; 77-79
Todessprung, 151-152; 160
Transformatio, 118; 122
Triebe/Triebkräfte, 18; 24; 56; 96-97; 99; 113; 120; 160
    übernatürliche, 17; 96; 138; 167
    vgl. Antriebe,
Trost/Tröster, 77; 139
Tugenden, 84; 86-93; 101; 126
Tür (geöffnete), 103; 153; 159

Unterbewußt/sein, 96-98; 101; 111
    vgl. Seelenleben, unterbew.,

Übernatur, 96; 120
übernatürlich, 23; 30; 35; 40; 55; 75; 82; 86-87; 91; 96-97; 99- 101; 119; 121; 124-126; 138; 161
Übung(en), 41; 79; 142-143

Vater, 26-27; 30; 44; 47; 53; 56-59; 62-64; 66; 69-70; 72-75; 79; 99; 127; 136; 141; 143; 147-148; 153; 165
    vgl. Abba; Dreifaltigkeit,

Vatergott, 58; 59; 109; 136; 153-154
Verachtung, 112; 124
Vergöttlichung/vergöttlichen, 16; 98
Verheißung(en), 40-41; 43; 74; 78-79
    Christi, 40; 78; 139
Verherrlichung, 149
verklären, 16; 96
Vermählung, 16; 18; 39
Vernunft, 84-85; 91
Verstand, 61; 105-106; 124; 138-139; 151-152; 160
Vorbereitung, 125; 132
    vgl. Disposition,
Voreinstellungen, 98; 101
Vorsehung, 146; 150
Vorsehungsglaube, 150; 154

Wahrheit, 16-17; 22-23; 26; 61; 63; 73; 77-79; 85; 119; 129; 147; 166
Wandel mit Gott, 89; 122
Wandlung, 23; 34; 38; 62; 101; 105-11; 117-118; 122; 123; 125-126; 164; 165; 168
Wandlungsgnade, 60; 107; 109
Wärme, 46; 107; 119
Weihe, 114-115; 141; 143
Weisheit, 44; 45-46; 117-126; 138-139; 147; 153-154
Werke, 22; 25; 28; 34; 84; 100; 147; 151
Werkzeug, 29; 36-37; 57; 99; 124; 160
Werte, 78-79; 125-126; 160
Wille, 28; 37; 61; 98; 106; 108; 110; 120; 143; 151
Wille Gottes, 78; 121; 146; 149; 156; 167
Wirklichkeitssinn, übernatürlicher, 121; 125; 138-141; 151
Witterungssinn, 140-143; 151
Wohnung, vgl. Einwohnung,
Wünsche Gottes, 116; 143; 149-150; 168

Zeit, 24; 25; 27-28; 41; 44; 61; 68; 75; 87; 98; 111;112; 123-124; 130; 141; 143-144; 147; 151; 154; 159; 163; 165-167
heutige, 27; 28; 29; 61; 98; 102; 124; 130; 148; 155
Zeitbedürfnisse, 18; 138
Zeitenstimmen, 149
Zeitenwende, 28
zeitgemäß, 98
Zeitgeschehen, 154
Zeitströmungen, 144
Zeugnis, 18; 40; 54; 59; 70; 126; 138
Zungen, 108; 125; 131;
    vgl. Feuerzungen,
    vgl. Liebeszungen,
Zurückgezogenheit, 40; 41; 43
Zweitursache, 29

Bildnachweis:

S. 15 - Schönstätter Marienbrüder
S. 33 - Foto: Goldschmiede
        Schönstätter Marienbrüder
S. 51 - Foto: Goldschmiede
        Schönstätter Marienbrüder
S. 67 - Foto: Sr. M. Theres-Marie Mayer
S. 83 - Foto: Goldschmiede
        Schönstätter Marienbrüder
S. 137 - Schönstatt-Verlag
S. 157 - Editorial Schönstatt , Santiago, Chile

Quellennachweis

I. Lebensmitteilung im Heiligen Geist

Christentum als Lebensmitteilung
J.Kentenich, aus: Delegiertentagung der Schönstattfamilie, 16.-20.10.1950 (ders., Oktoberwoche 1950, 2. Auflage 1993, S. 117-122, nicht ediert)

Heiliger Geist, der Leben schafft
J.Kentenich, aus: Vortrag für die Sodalen der Marianischen Kongregation in Schönstatt, 31.5.1914 (F. Kastner, Unter dem Schutze Mariens, F. Schöningh-Verlag, Paderborn 1940, 3. Auflage, S. 250-252)

Seele der Kirche
J.Kentenich, aus: Exerzitien für Priester, 7.-13.10.1934 (ders., Vollkommene Lebensfreude, Patris-Verlag, Vallendar-Schönstatt 1984, S. 436 - 442)

Durch Christus im Heiligen Geist zum Vater
J.Kentenich, aus: Vortrag für Schönstätter Marienschwestern, 24.5.1931 (nicht ediert)

II. Maria und der Heilige Geist

Der Heilige Geist im Leben der Gottesmutter
J.Kentenich, aus: Vortrag für die Sodalen der Marianischen Kongregation in Schönstatt, 31.5.1914 (F. Kastner, Unter dem Schutze Mariens, F. Schöningh-Verlag, Paderborn 1940, 3. Auflage, S. 252-253)

Gefäß und Werkzeug des Heiligen Geistes
Seelenführerkurs 1927 (nicht ediert)

Wo der Heilige Geist Maria findet ...
J.Kentenich, aus: Predigt für die deutsche Gemeinde St. Michael in Milwaukee, USA, 3.6.1962 (ders., Aus dem Glauben leben, Bd. 2, Patris-Verlag, Vallendar-Schönstatt, 2. neu bearbeitete Auflage 1972, S. 56-59)

In der Erwartung des Heiligen Geistes
J.Kentenich, aus: Vortrag für Schönstätter Marienschwestern, 27.5.1927 (nicht ediert)

Abbild des Heiligen Geistes
J.Kentenich, aus: Exerzitien für die Schönstatt-Frauenliga, 6.-9.9.1951 (ders., Unser Gründer spricht zu uns, Bd. 3, als Manuskript hrsg. vom Sekretariat der Schönstatt-Frauenliga, S. 9-12)

Symbol des Heiligen Geistes
J.Kentenich, aus: Vortrag für Schönstattpatres, 1.3.1963 (nicht ediert)

III. Vergegenwärtigung des Herrn

Der Heilige Geist entschleiert die Herrlichkeit des Herrn
J.Kentenich, aus: Predigt für die deutsche Gemeinde St. Michael in Milwaukee, USA, 19.4.1964 (ders., Aus dem Glauben leben, Bd. 13, Patris-Verlag, Vallendar-Schönstatt 1983, S. 35-46)

Christusinnigkeit und Vaterergriffenheit
J.Kentenich, aus: Ansprache für Frauen von Schönstatt, Pfingstsonntag, 29.5.1966 im Mitgründerheiligtum, Liebfrauenhöhe (ders., Unsere marianische Sendung, Bd.1, als Manuskript hrsg. von der Schönstattfamilie der Diözese Rottenburg, 1972, S. 164-67)

Der beste Erzieher
J.Kentenich, aus: Predigt für die deutsche Gemeinde St. Michael in Milwaukee, USA, 12.5.1963 (ders., Aus dem Glauben leben, Bd. 7, Patris-Verlag, Vallendar-Schönstatt 1973, S. 110-116)

IV. Grundlegung des Christseins

Die Gnade der Kindschaft
J.Kentenich, aus: Exerzitien für die Patres der Missionsgesellschaft Bethlehem in Immensee (Schweiz), 1937 (ders., Kindsein vor Gott, Patris-Verlag, Vallendar-Schönstatt 1979, S. 115-119)

"Abba"
J.Kentenich, aus: Ansprache für die Schönstattfamilie der Erzdiözese München-Freising im Heiligtum von Klein-Schönstatt, München, 5.9.1966 (ders., Du Betlehem ..., Patris-Verlag, Vallendar-Schönstatt 1979, S. 15-16)

Die Heiligung des Christen
J.Kentenich, aus: Tagung für den Schönstatt-Frauenbund und für Schönstätter Marienschwestern, 8.-12.6.1927 (ders., Marienlohn, nicht ediert)

Der Leib - Tempel des Heiligen Geistes
J.Kentenich, aus: Vortrag für Schönstätter Marienschwestern, 2. Juni 1927 (nicht ediert)

V. Führer zur Heiligkeit

Wirkweise der Gaben

Das vielfältige Wirken des Heiligen Geistes

J.Kentenich, aus: Delegiertentagung der Schönstattfamilie, 16.-20.10.1950 (ders., Oktoberwoche 1950, 2. Auflage 1993, S. 174-176, nicht ediert)

Vom Weg der Tugenden zum Weg der Gaben
J.Kentenich, aus: Exerzitien für die Patres der Missionsgesellschaft Bethlehem in Immensee (Schweiz), 1937 (ders., Kindsein vor Gott, Patris-Verlag, Vallendar-Schönstatt 1979, S. 393-400)

Heilung und Veredelung der Natur
J.Kentenich, aus: Exerzitien für den Schönstatt-Frauenbund und für Schönstätter Marienschwestern, 24.-30.8.1930 (ders., Der Heilige Geist und das Reich des Friedens, S. 328-330, nicht ediert)

Reinigung des unterbewußten Seelenlebens
J.Kentenich, aus: Vortrag für Führungskreise der Schönstattfamilie, 1.12.1965 (ders., Rom-Vorträge, Bd. 2, S. 261-263, nicht ediert)

Der Heilige Geist und die Seelentiefen
J.Kentenich, aus: Studie, 1962 (nicht ediert)

Seelische Wandlung:
Pfingsten - Hochfest der seelischen Wandlung
J.Kentenich, aus: Ansprache für Frauen von Schönstatt, Pfingstsonntag, 29.5.1966 im Mitgründerheiligtum, Liebfrauenhöhe (ders., Unsere marianische Sendung. Gründerworte auf der Liebfrauenhöhe, Bd.1, als Manuskript hrsg. von der Schönstattfamilie der Diözese Rottenburg 1972, S. 157-163)

Die tiefere Wandlung
J.Kentenich, aus: Vortrag für Schönstattpatres, 23.3.1963 (nicht ediert)

Geschmack an Kreuz und Leid
J.Kentenich, aus: Terziat für Pallottinerpatres, USA, 1952, (ders., USA-Terziat, Bd.1, S.295ff, nicht ediert)

Ganzhingabe
J.Kentenich, aus: Vortrag für die Schönstatt-Frauenliga, 31.5.1951 (ders., Texte zum Vorsehungsglauben, Patris-Verlag, Vallendar-Schönstatt 1970, S. 224-227)

Die Gabe der Weisheit - Inbegriff aller Gaben
J.Kentenich, aus: Delegiertentagung der Schönstattfamilie, 16.-20.10.1950 (ders., Oktoberwoche 1950, 2. Auflage 1993, S. 178-188, nicht ediert)

Die Gnade der Beschauung
J.Kentenich, aus: Studie aus dem Konzentrationslager Dachau, 1944 (ders., Unterweisungen über das Gebet, S. 254-258, 274-276, nicht ediert)

Heroische Kindlichkeit - die Spitzenleistung des Heiligen Geistes
J.Kentenich, aus: Exerzitien für die Patres der Missionsgesellschaft Bethlehem in Immensee (Schweiz), 1937 (ders., Kindsein vor Gott, Patris-Verlag, Vallendar-Schönstatt 1979, S. 408f.)

VI. Heroismus des Glaubens

Übernatürlicher Wirklichkeitssinn
J.Kentenich, aus: Delegiertentagung der Schönstattfamilie, 16.-20.10.1950 (ders., Oktoberwoche 1950, 2. Auflage 1993, S. 162-166, nicht ediert)

Sympathie für Gott
J.Kentenich, aus: Exerzitien für Schönstattpatres 1967,

(nicht ediert)

Einsprechungen des Heiligen Geistes
J.Kentenich, aus: Festpredigt, 18.3.1967 (ders., Texte zum Vorsehungsglauben, Patris-Verlag, Vallendar-Schönstatt 1970, S.212-214)

Glaubensinstinkt
J.Kentenich, aus: Studie, 1962 (nicht ediert)

Wagnis des Glaubens
J.Kentenich, aus: Delegiertentagung der Schönstattfamilie, 16.-20.10.1950 (ders., Oktoberwoche 1950, 2. Auflage 1993, S. 172-174, nicht ediert)

Hingabe an die göttliche Führung
J.Kentenich, aus: Schlüssel zum Verständnis Schönstatts, 1951 (ders., Texte zum Verständnis Schönstatts, Patris-Verlag, Vallendar-Schönstatt 1974, S. 170-174)

VII. Schönstatt als charismatischer Aufbruch

Schönstatt als Wirkung der Gaben des Heiligen Geistes
J.Kentenich, aus: Brief-Studie an Joseph Schmitz, 1952 (ders., Das Lebensgeheimnis Schönstatts, Bd.2, Patris-Verlag, Vallendar-Schönstatt 1972, S. 241-244)

Charismatische Sendung
J.Kentenich, aus: Terziat für Pallottinerpatres, USA, 1952 (ders., USA-Terziat, Bd.3, S.220ff., nicht ediert); aus: Schlüssel zum Verständnis Schönstatts, 1951 (ders., Texte zum Verständnis Schönstatts, Patris-Verlag, Vallendar-Schönstatt 1974, S.149-150)

Das Charisma unserer Wallfahrtsgnaden
J.Kentenich, aus: Vortrag für Schönstätter Marien-

schwestern, Ostersonntag, 26.3.1967 (nicht ediert)

Die Gottesmutter - das Charisma für die heutige Zeit
J.Kentenich, aus: Pädagogische Tagung, 2.-5.10.1951, (ders., Daß neue Menschen werden, Schönstatt-Verlag, Vallendar-Schönstatt 1971, S. 156-158)

Texte von Joseph Kentenich

Christus mein Leben
Ausgewählte Texte zum Christus-Jahr 1997
In seinem Apostolischen Schreiben "Tertio millennio adveniente" lädt der Papst die ganze Kirche ein, sich auf die 2000-Jahr-Feier der Geburt Jesu Christi vorzubereiten. Er schlägt vor, das Jahr 1997 als ein Christus-Jahr zu begehen. Dieser Einladung folgend, wird hier erstmalig eine Auswahl zum Teil bisher nicht veröffentlichter Texte von P. Joseph Kentenich vorgelegt, die zentrale Linien und Anliegen der Christusverkündigung des Gründers der internationalen Schönstatt-Bewegung zu Wort bringen. 172 S., kt.

Aus dem Glauben leben
Predigten in Milwaukee / USA
Band 1-17
In der Reihe "Aus dem Glauben leben" werden Predigten veröffentlicht, die Pater Joseph Kentenich, als Seelsorger der Deutschen Gemeinde in Milwaukee gehalten hat. Viele Grundfragen des Menschen kommen darin zur Sprache.

Aus den Menschen – Für die Menschen
Predigten über das Priestertum, Sonderband der Reihe "Aus dem Glauben leben".
Viele sehen das Priestertum in der katholischen Kirche in der Krise. In diesem Buch wird ein glaubwürdiges Priesterbild dargestellt. Dieser Band – zum 60jährigen Priesterjubiläum P. Kentenichs erschienen – enthält fünf Primizpredigten. Mit Klarsicht und Mut stellt er sich den Problemen des katholischen Priestertums in unserer Zeit. Für Pater Kentenich war das Priestertum eine aus dem Jenseits in die diesseitige Welt hineinragende, übernatürliche Wirklichkeit. 2. Aufl.,116 S., Ln.

Kindsein vor Gott
Exerzitien für Priester
Bearbeitet von Günther M. Boll und Lothar Penners
534 S., kt.

Marianische Erziehung
Pädagogische Tagung.
Bearbeitet von Franz Lüttgen
Die Grundthese der Vortragsreihe lautet: "Erleuchtete Marienverehrung ist das große Mittel, um eine tiefgreifende und umfassende Glaubensbewegung im Volk zu schaffen." Dabei werden wesentliche Fragen einer modernen Pastoral behandelt, die auf tief verwurzeltes Glaubensleben mündiger Christen in einer pluralistischen Gesellschaft ausgerichtet ist. Es zeigt sich, wie gesunde Marienverehrung sowohl für breite Volksschichten, wie auch für intellektuelle Kreise dabei eine wesentliche Rolle spielt.
286 S., kt.

Neue Väter – Neue Welt
Hrsg. und kommentiert von Heinrich Puthen
100 S., kt.

Texte zur Ostsendung
Hrsg. und eingeleitet von Rudolf Chrysostomus Grill
Eine umfangreiche Sammlung von Texten über den "Osten" aus den Schriften von P. Kentenich. Was er mit "Osten" meinte, ist nicht primär politisch, sondern heilsgeschichtlich gesehen: Das Wirken Gottes in der Heilsgeschichte, beginnend beim Volke Israel, der Weg des Evangeliums Christi zu den Völkern, das gottgewollte Zueinander des morgenländischen und abendländischen Christentums.
283 S., kt.

Texte zum Verständnis Schönstatts
Hrsg. und eingeleitet von Günther M. Boll
Die hier gesammelten Texte stammen aus verschiedenen Etappen der Geschichte Schönstatts. Sie versuchen Antwort zu geben auf Fragen, die interessierten und für die Sache der Kirche engagierten Beobachtern kommen, wenn sie dem "Phänomen Schönstatt" begegnen. Drei Grundüberzeugungen ziehen sich durch alle Erklärungsversuche und Stellungnahmen P. Kentenichs: die Überzeugung von Schönstatt als einem Gotteswerk – als einer Glaubensschule für Christsein heute – und als einer eminent pädagogischen Bewegung.
234 S., kt.

Texte zum Vorsehungsglauben
Hrsg. von August Ziegler, nach Gedanken von P. J. Kentenich,
Das Buch geht drei Hauptfragen nach, die sich im Hinblick auf den Vorsehungsglauben stellen:
- Welches ist der objektive Inhalt des Glaubens an Gottes Vorsehung?
- Was bedeutet dieser Glaube für den Menschen, besonders für den Menschen unserer Zeit?
- Wie muß sich dieser Glaube im täglichen Leben auswirken?

3. Auflage, 249 S., kt.

Vollkommene Lebensfreude
Priesterexerzitien
Bearb. von Michael Joh. Marmann und Georg M. Ritter
Lebensfreude ist das Wunschziel des Menschen. Jeder lebt, will leben – aber der Zweifel scheint tief zu sitzen, ob es richtiges, volles, zukunftsträchtiges Leben ist. Vorliegendes Buch enthält die Vorträge eines Exerzitienkurses für Priester, den Pater Kentenich 1934 gehalten hat.
476 S., Sn.